Kohlhammer

Lange Leben leben | Altern gestalten

Wissen – Positionen – Impulse

Herausgegeben von Hans-Werner Wahl, Hans Förstl, Ines Himmelsbach und Elisabeth Wacker

Eine Übersicht aller lieferbaren und im Buchhandel angekündigten Bände der Reihe finden Sie unter:

 https://shop.kohlhammer.de/lange-leben-leben

Der Autor

Prof. Dr. Hans-Jörg Ehni, Medizinethiker und Philosoph, stellvertretender Direktor des Instituts für Ethik und Geschichte der Medizin, Universität Tübingen.

Hans-Jörg Ehni

Zukunftsvisionen des Alters

Fragen und Antworten der Philosophie und Ethik

Verlag W. Kohlhammer

Dieses Werk einschließlich aller seiner Teile ist urheberrechtlich geschützt. Jede Verwendung außerhalb der engen Grenzen des Urheberrechts ist ohne Zustimmung des Verlags unzulässig und strafbar. Das gilt insbesondere für Vervielfältigungen, Übersetzungen und für die Einspeicherung und Verarbeitung in elektronischen Systemen.

Pharmakologische Daten verändern sich ständig. Verlag und Autoren tragen dafür Sorge, dass alle gemachten Angaben dem derzeitigen Wissensstand entsprechen. Eine Haftung hierfür kann jedoch nicht übernommen werden. Es empfiehlt sich, die Angaben anhand des Beipackzettels und der entsprechenden Fachinformationen zu überprüfen. Aufgrund der Auswahl häufig angewendeter Arzneimittel besteht kein Anspruch auf Vollständigkeit.

Die Wiedergabe von Warenbezeichnungen, Handelsnamen und sonstigen Kennzeichen berechtigt nicht zu der Annahme, dass diese frei benutzt werden dürfen. Vielmehr kann es sich auch dann um eingetragene Warenzeichen oder sonstige geschützte Kennzeichen handeln, wenn sie nicht eigens als solche gekennzeichnet sind.

Es konnten nicht alle Rechtsinhaber von Abbildungen ermittelt werden. Sollte dem Verlag gegenüber der Nachweis der Rechtsinhaberschaft geführt werden, wird das branchenübliche Honorar nachträglich gezahlt.

Dieses Werk enthält Hinweise/Links zu externen Websites Dritter, auf deren Inhalt der Verlag keinen Einfluss hat und die der Haftung der jeweiligen Seitenanbieter oder -betreiber unterliegen. Zum Zeitpunkt der Verlinkung wurden die externen Websites auf mögliche Rechtsverstöße überprüft und dabei keine Rechtsverletzung festgestellt. Ohne konkrete Hinweise auf eine solche Rechtsverletzung ist eine permanente inhaltliche Kontrolle der verlinkten Seiten nicht zumutbar. Sollten jedoch Rechtsverletzungen bekannt werden, werden die betroffenen externen Links soweit möglich unverzüglich entfernt.

1. Auflage 2022

Alle Rechte vorbehalten
© W. Kohlhammer GmbH, Stuttgart
Gesamtherstellung: W. Kohlhammer GmbH, Stuttgart

Print:
ISBN 978-3-17-038765-2

E-Book-Formate:
pdf: ISBN 978-3-17-038766-9
epub: ISBN 978-3-17-038767-6

Inhalt

Einleitung – Die Hoffnung auf ein anderes Alter erneuern   **7**

1   **75 Jahre sind genug**   **13**

2   **Keine Vision für den demographischen Wandel**   **20**

3   **Biologie des Alterns: Stand und Ziele**   **24**

3.1   Grundannahmen der Biologie des Alterns   24
3.2   Das menschliche Altern neu formen   36
3.3   Die Conditio humana ändern? Philosophische Implikationen der Biogerontologie   45

4   **Apologismus in Mythen**   **49**

4.1   Apologismus und Prolongevitismus – Gegen und für die Lebensverlängerung   49
4.2   Ein langes Leben ist kein gutes Leben   51

Inhalt

5	**Alter(n) in der philosophischen Tradition**	**63**
5.1	Die Frage nach dem guten Leben	63
5.2	Wird der Charakter mit dem Alter besser oder schlechter? – Platon und Aristoteles	65
5.3	Ciceros Verteidigung des Alters	70
5.4	Die Länge des Lebens spielt keine Rolle – Epikur und Seneca	73
5.5	Wissenschaftlicher Fortschritt und Alterstherapien – Die Philosophie der Neuzeit	76
5.6	Was sagt uns die philosophische Tradition über die Zukunft des Alters?	80
6	**Der Streit in der Bioethik um die Zukunft des Alter(n)s**	**84**
6.1	Ist Lebensverlängerung für den Einzelnen gut?	84
6.2	Ist Lebensverlängerung für die Gesellschaft gut?	92
7	**Eine neue Vision für das Alter – Lob des langen Lebens**	**102**
Literatur		**107**

Einleitung – Die Hoffnung auf ein anderes Alter erneuern

Grundunterscheidungen:

- ✓ Altern als Prozess und Alter als Zeitabschnitt.
- ✓ Chronologische, körperliche, psychische, moralische und gesellschaftliche Bedeutungen von Alter(n).
- ✓ Ambivalenz des Alter(n)s als Gegenstand positiver wie negativer Wertungen.

Vier Thesen als Ausgangspunkt:

1. Körperliches Altern ist für unser Verständnis des Alter(n)s insgesamt grundlegend.
2. Körperliches Altern wird häufig negativ bewertet und deswegen oft auch das Altern insgesamt.
3. Eine positive Gesamtwertung des Alterns ist möglich, auch wenn wir manche seiner Aspekte schlecht finden.
4. Die Erkenntnisse der Biologie können das Verständnis des körperlichen Alterns neu prägen. Sie will es auch neu erfinden.

Fazit: *Eine neues, besseres Alter ist möglich, wenn wir die Möglichkeiten der biologischen Alternswissenschaft konsequent nutzen, pessimistische Sichtweisen aus der Vergangenheit überwinden und an positive Sichtweisen aus Philosophie und Gerontologie anknüpfen.*

Was bleibt im Alter zu träumen und zu hoffen übrig? Der Philosoph Ernst Bloch (1885–1977) stellt diese Frage in seinem Werk *Das Prinzip Hoffnung*, das er während des Zweiten Weltkriegs geschrieben hat. Bloch setzt einen Teil dieser Hoffnung auf die Medizin der Zukunft. Sie wird nach ihm nicht nur Krankheiten heilen können, sondern die menschliche Gesundheit selbst verbessern. Das Ideal Blochs ist ein

Körper, dessen »Alter nicht Hinfälligkeit als Schicksal« wäre (Bloch, 1977, S. 541).

Eine Generation zuvor verfasst der Schriftsteller George Bernard Shaw (1856–1950) seine eigene Zukunftsvision des menschlichen Alters in seinem monumentalen Theaterstück *Back to Methuselah*. Shaw spannt hier einen Bogen von den ersten Menschen, die durch eine Willensanstrengung ihr Leben radikal verlängern, bis zu einer entfernten Zukunft, in der die Menschheit körperlich unsterblich wird. In der zivilisatorischen Entwicklung, die er beschreibt, lassen die langlebigen Menschen und ihre Gesellschaften die kurzlebigen Vorgänger weit hinter sich. Ihre geistigen Fähigkeiten entwickeln sich weiter, und sie erscheinen wie Erwachsene gegenüber Kindern. Auf diese Weise erreicht die Menschheit neue kulturelle Entwicklungsstufen (Shaw, 1921).

Einige Generationen später scheinen die Hoffnungen Blochs und Shaws verloren gegangen zu sein. Der israelische Historiker Yuval Harari hält in seinem Bestseller *Homo Deus* fest, dass der Mensch im 21. Jahrhundert nach Unsterblichkeit streben wird. Aber diese Entwicklung sei Bestandteil einer größeren gesellschaftlichen Veränderung, die das Ende des Humanismus in den westlich geprägten Gesellschaften zur Folge haben könnte. Das würde bedeuten, dass in hochtechnisierten Gesellschaften aus biotechnisch veränderten Menschen einzelne Individuen und die persönliche Freiheit nicht mehr länger entscheidend sind (Harari, 2017).

Es gibt zwar Positionen, die eine grundlegende biotechnische Veränderung des Menschen ausdrücklich befürworten, wie den sog. Transhumanismus (vgl. z. B. Schöne-Seifert & Talbot, 2009). Der Pessimismus gegenüber Entwicklungen, die unter anderem von Wissenschaft und Technik ausgehen, scheint jedoch, wenn man Umfragen folgt, die z. B. am Institut für Wissenschaft und Ethik der Universität Bonn durchgeführt wurden, weit verbreitet und zu überwiegen (Feeser-Lichterfeld et al., 2007). Nicht zuletzt wegen Umweltzerstörung und Klimawandel. Bei der Aussicht auf ein verändertes Alter verbindet sich diese Skepsis zusätzlich mit negativen Einstellungen gegenüber der Lebensphase Alter. Eine entsprechende Ablehnung solcher Zukunftsaussichten ist in Umfragen dazu zu erkennen, ob Eingriffe in die körperliche Alterung und ein damit verbundenes längeres Leben erstrebenswert seien. Die Mehrheit der Befragten glaubt das nicht (Feeser-Lichterfeld et al., 2007).

Was aber ist mit dem »Alter« gemeint, von dem in diesem Buch die Rede sein wird? Zunächst einmal kann man Altern als *Prozess* vom Alter als Zeitabschnitt unterscheiden. Altern beschreibt allgemein einen Vorgang, den man in einem zeitlichen Verlauf berücksichtigt. Das Alter ist ein *Zeitabschnitt*, der in seiner chronologischen Gesamtheit von Beginn bis Ende betrachtet wird. Also schlicht ein Zeitraum, über den etwas existiert hat. Beim Menschen das gesamte Lebensalter oder aber auch nur die Lebensphase des Alters-Zeitabschnitts darin. Wir können sowohl dem Prozess als auch den Zeitabschnitt des Alters eine Vielzahl von Bedeutungen zuschreiben. Der Ausgangspunkt ist die andauernde Existenz in der Zeit – die einfache chronologische Bedeutung. Während dieser Existenz verändern sich Menschen unter anderem körperlich, psychisch, geistig, moralisch und gesellschaftlich. Altern besteht demnach aus einer Vielzahl von Prozessen. Ebenso können die Lebensphase des Alters bzw. die Gruppe der Menschen, die sich in ihr befinden, in entsprechend vielen Hinsichten beschrieben werden. Wir haben es also mit einem bedeutungsreichen Zusammenhang von unterschiedlichen Vorgängen und Zuständen zu tun und mit ebenso vielen Wertungen.

Chronologisch aufgefasst ist Altern zunächst weder etwas Gutes noch etwas Schlechtes. Ebenso bedeutet für einen Gegenstand alt zu sein nur, dass er für die Art des Gegenstands, die er ist, eine lange Zeit existiert hat. Altern und Alter, etwa das Adjektiv »alt«, unterliegen jedoch auch gegensätzlichen Wertungen. Das wird bereits in der Alltagssprache deutlich. »Altehrwürdig« enthält eine positive Wertung von etwas, das aufgrund seiner langen Existenz eine besondere Qualität gezeigt oder hinzugewonnen hat. In »veraltet« klingt an, dass etwas an Qualität verloren hat und nicht mehr den Anforderungen der Gegenwart so gewachsen ist, wie es das einmal war. Diese *Ambivalenz von Gewinn und Verlust* zieht sich durch alle Bedeutungen, in denen Alter und Altern betrachtet werden können (vgl. auch den ersten Band dieser Reihe Wahl, Förstl, Himmelsbach & Wacker, 2022, S. 8). Wie wir sehen werden, beurteilen auch Philosophen körperliches, geistiges oder moralisches Altern sowie das Alter selbst nicht einheitlich als gut oder schlecht.

Diese Vielfalt an möglichen Perspektiven, Interpretationen und Wertungen mag zunächst verwirrend erscheinen, zumal hier noch viele wissenschaftliche Sichtweisen und Erkenntnisse hinzukommen. Es hilft daher, wenn wir als Ausgangspunkt vier Thesen festhalten.

- Die erste These lautet, dass das Verständnis des körperlichen Alterns eine besondere Rolle beim Verständnis des Alter(n)s insgesamt spielt. Dass der Mensch auf die Weise körperlich altert, die wir kennen, bedingt, wie wir andere Aspekte des Alterns verstehen und bewerten.
- Die zweite These hält fest, dass die häufig negative Bewertung körperlichen Alterns oft die Bewertung anderer Aspekte des Alterns negativ beeinflusst. So etwa, dass körperliches Altern den Verlust physischer Fähigkeiten bedeute, der mit einem Verlust geistiger und sogar moralischer Fähigkeiten verknüpft sei (▶ Kap. 1).
- Die dritte These besagt, dass im Gegensatz dazu eine positive Gesamtwertung des Alterns auch bei einer negativen Wertung des körperlichen Alterns möglich ist. So könnten durch ein Wachstum an Lebenserfahrung körperliche Verluste ausgeglichen werden.
- Die vierte These geht schließlich davon aus, dass gegenwärtig ein neues Verständnis des körperlichen Alterns durch neue Erkenntnisse der Biologie entsteht. Dadurch wird auch eine Veränderung des körperlichen Alterns mit Hilfe von neuen medizinischen Eingriffen in Aussicht gestellt und ein neues positives Gesamtverständnis des Alters und des Alterns, das darauf aufbauen könnte, zeichnet sich ab.

Die »neue Biologie des Alterns« (Partridge, 2010) umfasst nicht nur ein grundlegend neues biologisches Verständnis des Alterns. Sie verspricht auch, das körperliche Altern des Menschen in absehbarer Zukunft zu verändern. Vorrangiges Ziel ist dabei eine verbesserte Gesundheit im

Alter, vor allem im hohen Alter. Die neuen Methoden, die die Medizin auf der Grundlage biologischen Wissens anwenden soll, sollen gleichzeitig mehrere altersbedingte Erkrankungen verhindern oder hinauszögern. Biogerontologen erwarten, dass die menschliche Lebensspanne sich dadurch moderat verlängern wird, ungefähr weiterhin um das Maß, in dem seit Mitte des 19. Jahrhunderts die durchschnittliche Lebenserwartung angestiegen ist. Eine Schätzung beläuft sich auf sieben Jahre in den nächsten Jahrzehnten (Olshansky, Perry, Miller & Butler, 2006).

Gegen eine bessere Gesundheit im Alter und ein längeres Leben zu argumentieren, scheint auf den ersten Blick wenig überzeugend zu sein. Woher genau kommen dann die bereits genannten Bedenken? Entstehen sie lediglich aus einer allgemeinen Skepsis gegenüber Wissenschaft und Technik?

Eine Leitfrage dieses Buchs soll die Gründe dieser Skepsis gegenüber einem längeren Leben erkunden, das sich Eingriffen in die Alterung verdankt. Ich möchte Sie, liebe Leserin und lieber Leser, dazu einladen, gemeinsam diesen Gründen nachzugehen und zu überlegen, was sie für Sie persönlich bedeuten. Wir werden sehen, dass die Ablehnung der neuen Biologie des Alterns und ihres Ziels, eines verlangsamten Alterns, weit zurückreichend in Mythen verwurzelt sind. Die Tradition dieser Denkmuster, die uns in Form des Apologismus – der Verteidigung des menschlichen Alterns in seiner jetzigen Verfassung – begegnen wird, reicht bis in die Gegenwart. Wir wollen uns in der Folge diese Mythen genauer ansehen und in welchen Haltungen, insbesondere zur Lebensphase Alter, sie fortwirken. Außerdem wollen wir untersuchen, welche Wertungen des Alters in der philosophischen Tradition zu finden sind und wie sich auf diesen aufbauend ein mögliches, neues positiv gewendetes Verständnis des Alters und der Lebensverlängerung gewinnen lässt. Dabei wollen wir Bedenken untersuchen, die in der neuen Bioethik vorgebracht werden und überlegen, ob sie grundlegende Einwände rechtfertigen. Im Mittelpunkt steht die Frage, wie wir die Hoffnung wiedergewinnen können, die Ernst Bloch und Bernard Shaw an die medizinische Neugestaltung des Alters geknüpft haben. Wir werden, um Antworten zu finden, den Stand der gegenwärtigen Biologie des Alterns betrachten und was ihre Ziele sind. Um den Widerstand gegen diese Ziele zu verstehen, werden wir gemeinsam eine lange geistesgeschichtliche Reise antreten. Es wird sich zeigen, dass wir negative Haltungen überwinden müssen, die bis auf mythische Vorformen zurückgehen. Im Anschluss an die Untersuchung der Mythen wollen wir uns einen kurzen Überblick verschaffen, welche Ratschläge Philosophen[1] zum Alter gegeben haben und wie wir sie in ein neues Verständnis des Alterns einbauen können. Schließlich sehen wir uns – wieder in der Gegenwart angekommen – die Diskussion um ein neues Alter an, die in der Bioethik geführt wird. Vor dem Beginn dieser Reise wollen wir jedoch einen Standpunkt genauer ansehen, der eine begrenzte Lebenszeit verteidigt und so einige der zentralen Themen verstehen, die uns beschäftigen werden.

---

1 Der besseren Lesbarkeit halber wird in diesem Buch in aller Regel bei Personenbezeichnungen die grammatikalische Form des generischen Maskulinums verwendet, und zwar durchgängig in einem inklusiven Sinne, der alle Geschlechterformen miteinschließt. Ist beispielsweise von »Gerontologen« die Rede, ist ein »(m/w/d)« stets mitzudenken.

1

75 Jahre sind genug

»Diese verzweifelte Besessenheit, das Leben endlos zu verlängern, ist fehlgeleitet und möglicherweise zerstörerisch. Aus verschiedenen Gründen ist 75 ein gutes Alter, um aufzuhören.«[2]

Eine weitere Verlängerung der menschlichen Lebensspanne, so der Medizinethiker Ezekiel Emanuel, ist nicht erstrebenswert

- ✓ Für ein erfülltes Leben sind 75 Jahre genug.
- ✓ Lebenszeit jenseits der 75 Jahre ist weder für den Einzelnen noch für die Gesellschaft ein Gewinn.

---

2 Emanuel (2014); deutsche Übersetzung aus Wiesing et al. (2020), S. 580.

✓ Diese Grenze zu akzeptieren hat viele individuelle und gesellschaftliche Vorteile.

Für den amerikanischen Onkologen und Medizinethiker Ezekiel Emanuel sind 75 Lebensjahre genug (Emanuel, 2014). Emanuel meint nicht, dass er in jedem Fall mit der Vollendung seines 75. Lebensjahres sterben möchte. Er ist auch kein Befürworter der Tötung auf Verlangen oder des assistierten Suizids. Ab 75 lehnt er lediglich Vorsorgeuntersuchungen und medizinische Eingriffe ab, die sein Leben verlängern würden, selbst wenn sie so einfach und günstig sind wie Antibiotika. Allgemein würde er akzeptieren, an einer tödlich verlaufenden Erkrankung in diesem Lebensalter zu sterben, ohne weitere medizinische Maßnahmen zu ergreifen.

Ebenso will er sich ab 75 Jahren nicht mehr impfen lassen, was besonders für einen Fall gelten sollte, in dem Impfungen knapp und dringend benötigt würden, wie etwa in einer möglichen Pandemie. Der Aufsatz stammt von 2014, nimmt also eine der zentralen Fragen der späteren COVID-19-Pandemie vorweg: Wer soll vorrangig eine Impfung erhalten? In einer solchen Situation würde Emanuel unbedingt und selbstverständlich Jüngeren den Vortritt lassen. Daran können wir sehen, dass es hier, anders als der Autor behauptet, nicht nur um persönliche Präferenzen geht. Dementsprechend fallen auch Emanuels gemeinsam mit anderen Autoren erarbeitete, konkrete Vorschläge im Rahmen von COVID-19 aus, denen zufolge jüngere, produktivere Menschen – er setzt beides miteinander gleich – sowohl bei Impfungen als auch bei Intensivbehandlungen vorrangig behandelt werden sollten (Emanuel et al., 2020). Die meisten Länder haben in dieser Frage allerdings anders entschieden. Ältere Menschen sowie diejenigen, die am meisten gefährdet waren, erhielten bei der Impfung Vorrang, um so die meisten Leben zu retten.

Emanuel greift mit seiner Kritik eine besondere Haltung an: den »amerikanischen Unsterblichen« (»american immortal«), der keine Grenzen, insbesondere keine Grenzen des eigenen Lebens akzeptieren will. Dafür befolge der »amerikanische Unsterbliche« ein striktes Fitness- und Ernährungsregime und nehme zahlreiche Medikamente und Nahrungsergänzungsmittel ein. Emanuel sieht darin ein verbissenes, schädliches Bestreben, das Leben immer weiter auszudehnen. Später im selben Text heißt es dann jedoch, diejenigen, die so lange wie möglich leben wollen, würden sich weder unethisch verhalten, noch würden sie sich irren. Insbesondere wolle er nicht diejenigen abschätzig beurteilen, die trotz geistiger oder körperlicher Einschränkungen weiterleben möchten. Jedoch passt das auch nicht zu seiner Meinung, man sollte seinen Nachkommen nicht im Zustand des Abbaus, schwerfällig und vergesslich in Erinnerung bleiben. Außerdem sei die Präsenz der älteren Generationen immer eine gewisse Belastung, von der man die Nachkommenschaft befreien sollte.

Er schlägt auf dieser Grundlage zwei politische Maßnahmen vor: Zum einen sollte man den Anstieg der durchschnittlichen Lebenserwartung in einem Land ab einer bestimmten Altersgrenze nicht länger als Errungenschaft ansehen. Die USA sollten sich etwa in dieser Hinsicht nicht an Japan messen. Die zweite Maßnahme wiederum bestünde darin, chronische Erkrankungen, die Alzheimer-Krankheit und altersbedingte Behinderungen, besser zu erforschen. Diese beiden vorgeschlagenen Maßnahmen wirken auf den ersten Blick widersprüchlich. Warum sollte man Geld in Forschung investieren, die im Zweifelsfall etwas bewirken könnte, das nicht als Errungenschaft gelten sollte? Meint er vielleicht, dass ein längeres Leben allgemein schon wünschenswert sein könnte, aber nur bei guter Gesundheit, was derzeit nicht erreichbar sei?

Emanuel scheint nur zu den jetzigen Bedingungen ein längeres Leben nicht erstrebenswert zu finden. Er meint, dass die zuletzt gewonnenen Lebensjahre im hohen Alter keine mit hoher Lebensqualität und guter Gesundheit seien. 70 sei nicht das neue 50, wie die »amerikanischen Unsterblichen« fälschlicherweise annähmen. Es geht darum, wie sich die Last durch chronische Erkrankungen entwickelt, die im fortgeschrittenen Alter auftreten können. Eine »Morbiditätskompression« tritt ein, wenn der Lebensabschnitt kürzer wird, in dem Menschen in der späten Lebensphase an altersassoziierten Erkrankungen leiden. Emanuel legt nahe, dass das Gegenteil eintritt. Eine »Morbiditätsexpansion« oder verlängerte Krankheitsphase im hohen Alter sei angesichts des gegenwärtigen demographischen Wandels ohne weitere medizinische Fortschritte unvermeidlich. Ein solches Szenario sei weder für den Einzelnen noch für die Gesellschaft erstrebenswert.

Ist Emanuels Bestandsaufnahme richtig? Die tatsächliche Entwicklung ist weniger eindeutig als von ihm dargestellt.

Bereits in den 1980er Jahren hat der US-amerikanische Arzt James Fries vorhergesagt, dass in Zukunft ältere Menschen zwar nicht länger leben würden, aber dafür länger gesund blieben (Fries, 1980). Der erste Teil dieser Vorhersage ist nicht eingetreten. Seit 1980 ist die durchschnittliche Lebenserwartung auch dort weiter angestiegen, wo sie bereits am höchsten war. Emanuel weist den zweiten Teil der Vorhersage von Fries mit Bezug auf Forschungen von Eileen Crimmins zurück. Demnach würden wir gegenwärtig Zeugen einer Morbiditätsexpansion.

Crimmins stellte tatsächlich in einer etwas älteren Studie bei US-Bürgern mit niedrigem Bildungsstand eine Morbiditätsexpansion fest. Bei Menschen mit höherer Bildung verzeichnete sie jedoch die gegenteilige Entwicklung: eine Morbiditätskompression (Crimmins & Saito, 2001). In einer neueren Studie zieht Crimmins zwar das Fazit, dass die *vollständige* Morbiditätskompression wohl ein unerreichtes Ideal bleiben würde. Die Betonung liegt auf »vollständig.« Denn am Lebensende werde es wohl immer einen Abschnitt mit chronischen Erkrankungen geben. Allerdings nahmen im untersuchten Zeitraum dennoch die Jahre ab, in denen ältere Menschen an körperlichen Einschränkungen litten. Das ist trotz Crimmins' Gesamtfazit immerhin auch in ihren Augen ein Hinweis auf eine teilweise Morbiditätskompression. Gleichzeitig sank im untersuchten Zeitraum von 1998–2008 das Funktionsvermögen nicht bei den Altersgruppen über 65, sondern bei den unter 65-Jährigen. Das hat also nichts mit einer längeren Lebenserwartung zu tun, sondern damit, dass bisherige Gewinne an gesunder Lebenszeit gefährdet sind oder rückgängig gemacht werden. Dafür kann es verschiedene gesellschaftliche Ursachen geben, die sich in bestimmen Erkrankungen widerspiegeln. Unterschiedliche chronische Erkrankungen bieten dabei ein gemischtes Bild, insbesondere Diabeteserkrankungen nehmen zu (Crimmins & Beltrán-Sánchez, 2011). Gerade solche Erkrankungen sind jedoch durch einen gesünderen Lebensstil zumindest teilweise vermeidbar. Es ist widersinnig, dass Emanuel den »amerikanischen Unsterblichen« vorwirft, im Fitness- und Ernährungswahn zu sein, und er gleichzeitig eine Morbiditätsexpansion anprangert.

Neben dem einfachen Gegensatz der Kompression oder Expansion von Morbidität gibt es noch eine dritte Möglichkeit: das dynamische Gleichgewicht. Diese mögliche Entwicklung besteht darin, dass manche Indikatoren sich verschlechtern, während andere sich gleichzeitig verbessern können. Gerade neue, aber nur teilweise erfolgreiche Behandlungsmöglichkeiten können dazu führen, dass sich entgegen der Erwartung, die man an sie hat, sich der Erkrankungszeitraum verlängert. Das wäre dann der Fall, wenn die Erkrankung zwar nicht geheilt werden kann, aber die Symptome abgemildert werden und der Fortschritt der Erkrankung abgebremst wird. Für Deutschland hält eine Studie von 2015 fest, dass Anzeichen eher für eine Morbiditätskompression oder ein dynamisches Gleichgewicht sprechen als für eine Morbiditätsexpansion (Trachte, Sperlich & Geyer, 2015). Emanuel fällt also sein pessimistisches Urteil, ohne genauer hinzusehen. Die tatsächlichen Einschränkungen durch Erkrankungen sind leichter als er nahelegt. Gesellschaftliche Entwicklungen können zudem zu einer Trendumkehr beitragen, aufgrund derer sich eine bereits verbesserte Gesundheit im Alter wieder verschlechtert. Dies ist am Anstieg von Diabeteserkrankungen der unter 65-Jährigen in den USA erkennbar. Einer solchen Entwicklung kann man jedoch erneut entgegenwirken, wenn man die Bedingungen erforscht, die zu ihr geführt haben. Darin eingeschlossen sind Lebensumstände, die zu gesundheitlicher Ungleichheit beitragen, was Emanuel ebenfalls vernachlässigt. Ein internationaler Vergleich zeigt schließlich, dass eine weiter verbesserte Gesundheit im Alter möglich ist.

Eine weitere Krise, die sich laut Emanuel abzeichnet, ist die einer stagnierenden Gesellschaft ohne Innovationskraft. Denn viele geistige Fähigkeiten würden ab dem Alter von 75 Jahren abnehmen, wie beispielsweise das Verarbeiten von Informationen, das Gedächtnis und Problemlösen. Gleichzeitig nehme auch die allgemeine Kreativität ab. Emanuel verweist auf die Forschung von Keith Simonton, die gezeigt habe, dass es eine typische Verlaufskurve von schöpferischen Leistungen gebe. Diese Kurve nehme am Anfang der Karriere einen steilen Verlauf nach oben. Sie erreiche dann einen Höhepunkt mit 40 oder 45 und beginne dann einen langsamen altersbedingten Abstieg. Dies sei zwar bei einzelnen Gebieten von Wissenschaft und Kunst jeweils etwas anders, auch gebe es einzelne Ausnahmeleistungen Älterer. Vollkommen neue Ideen seien darin jedoch in der Regel nicht zu finden. Abgesehen von den Ausnahmen und Schwankungen in verschiedenen Gebieten, blieben die Grundzüge dieser Verlaufskurve der schöpferischen Tätigkeit und ihrer Resultate über historische und räumliche Grenzen hinweg sehr ähnlich. Emanuel spekuliert, dass die Ursache dafür begrenzte Möglichkeiten des menschlichen Gehirns seien.

Wie schon bei Crimmins' Studie, wählt Emanuel diejenigen Aspekte dieser Forschung aus, die zu seinen Ansichten passen. Die Interviewfrage, ob Kreativität mit dem Alter abnehme, beantwortet Simonton mit »Not quite« also »Nicht ganz« (Simonton, 2016). Das statistische Mittel für wissenschaftliche und künstlerische Werke entspricht Emanuels Darstellung nur teilweise. Denn Emanuel suggeriert, dass die Produktivität ganz zum Erliegen kommt. Nach Simonton beträgt sie jedoch bis ins hohe Alter immer noch die Hälfte dessen, was sie auf dem Höhepunkt des Schaffens betragen hat. Man kann nach Simonton daher das Glas als halbvoll oder als halbleer betrachten. Außerdem sind solche Verlaufskurven nach Gebiet und individuell stark verschieden. In manchen Feldern nimmt die schöpferische Tätigkeit kaum ab. Zudem hängt ihr Verlauf auch davon ab, wann sie begonnen hat. Wenn jemand spät beginnt, dann liegt auch der Höhepunkt der Kreativität später im Leben.

Man könnte also auch in einem anderen Gebiet weiter und neu kreativ sein, etwa ein Mathematiker in der Philosophie. Ganz zu schweigen, dass der Mathematiker, wie alle anderen Menschen, die nicht in Wissenschaft und Kunst tätig sind, auf andere Weise für sich selbst und andere kreativ sein, daraus Befriedigung ziehen und einen

1 75 Jahre sind genug

wertvollen Beitrag für die Gesellschaft leisten kann. Oder vielleicht auch einfach nur ein längeres Leben genießen möchte. Wem nützt eigentlich die gesteigerte Innovationskraft und Produktivität der Gesellschaft, wenn nicht ihren einzelnen Mitgliedern? Und bedeutet ein geringeres Tempo an Neuerungen wirklich einen Verlust an Wohlbefinden? Gerade eine Gesellschaft mit mehr älteren Menschen ist wohl eine Gesellschaft mit mehr zufriedenen Menschen. Das liegt nicht an Wachstum oder Kreativität, sondern weil Ältere häufig eine Lebensführung gelernt haben, die sie zufriedener macht (Wahl et al., 2022, S. 62).

Emanuel tut diese Möglichkeit ab. Man könne sich anderen Interessen und Hobbies zuwenden, wie Gärtnern, Vogelbeobachtung, Wandern und ähnlichem. Allerdings hält er nicht viel davon. Denn solche Vorschläge machen am Ende aus seiner Sicht deutlich, worin das eigentliche Problem des Alterns bestehe: in zunehmend eingeschränkten Ambitionen und Erwartungen. Dagegen reiche eine Lebensspanne von 75 Jahren vollkommen aus, um den eigenen Beitrag und die Hinterlassenschaft für Familie, Gemeinschaft, Gesellschaft und die Welt zu leisten. Wir müssten uns ab einem bestimmten Punkt im Leben fragen, ob das, was wir geben, in einem angemessenen Verhältnis zu dem stünde, was wir nehmen.

In dieser Position kommt ein inhumanes Denken zum Ausdruck, das den Wert Einzelner an ihren Leistungen misst. Älteren Menschen spricht unser Autor gleichzeitig von vornherein ab, einen wertvollen Beitrag leisten zu können. Eine solche Haltung führt dazu, dass die Bedingungen gar nicht erst entstehen, in denen Ältere sich überhaupt einbringen können. Der demographische Wandel wird lediglich als bedrohliche Fehlentwicklung eingestuft. Es fehlt ein positiver Ausblick auf seine Errungenschaften und sein Potenzial. Falsch ist es zudem – eigentlich sollte es überflüssig zu sein, das zu betonen – Menschen und ihre Daseinsberechtigung generell nach ihrer Leistungsfähigkeit zu bewerten. Perfide ist es, noch dazu unter dem Deckmantel einer geheuchelten Toleranz, von ihnen selbst zu verlangen, sich diese Daseinsberechtigung abzusprechen.

2

Keine Vision für den demographischen Wandel

Ablehnung der Lebensverlängerung aufgrund negativer Einstellungen zum Alter(n)

✓ Der demographische Wandel wird nur als Problem gesehen.
✓ Eine weitere Verlängerung des menschlichen Lebens soll die Probleme des demographischen Wandels verschärfen.
✓ Eine solche Sicht kann zu verstärktem Ageismus führen und bietet keine Lösung für die Zukunft des Alter(n)s.

Auf den ersten Blick wirkt es vielleicht erstaunlich, einem Standpunkt wie demjenigen Emanuels in einem Buch über die Zukunft des Alters so viel Raum und Aufmerksamkeit zu bieten. Denn dieser Standpunkt hat für diese Zukunft nur sehr wenig zu bieten. Aber es wird an diesem deutlich, welches Denken und welche Haltungen wir überwinden müssen.

- Die erste lautet, dass Ältere zu Lasten der Allgemeinheit egoistisch an ihrem Leben festhalten.
- Die zweite, dass ein längeres Leben um den Preis einer am Ende immer weiter fortschreitenden Gebrechlichkeit erkauft wird.
- Die dritte, dass die Vitalität einer menschlichen Gemeinschaft und damit ihr Fortbestehen nur durch einen Generationswechsel im jetzigen Rhythmus erhalten bleibt.

Die mythischen Figuren des Gilgamesch, Tithonus und des Königs des Waldes sowie die geistige Tradition des Apologismus – die Verteidigung der menschlichen Existenz in ihrer jetzigen Form – und den Einfluss der damit verknüpften Sichtweisen des Alterns auf die Gegenwart werden wir in Kapitel 4 genauer untersuchen. An dieser Stelle können wir bereits festhalten, dass die Abwertung des Alters und einer Verlängerung des menschlichen Lebens sich gegenseitig bedingen und stützen.

Wie wir gesehen haben, drückt Emanuels Plädoyer für eine begrenzte Lebensspanne eine entschieden negative Sicht auf das Alter aus. Demnach seien Menschen in der Regel ab einem bestimmen Alter krank oder dement, nicht vital, wenig leistungsfähig oder kreativ und nicht in der Lage, sich an Neues anzupassen. Sie seien für die Gesellschaft und ihre Angehörigen eine Last. Auch für sie selbst sei ihr eigenes Leben weniger wert, wenn sie ehrlich wären. Diese Rückschlüsse werden scheinbar durch neuere Forschungen gestützt. Aber diese Forschungen werden verkürzt oder einseitig wiedergegeben. Ebenso einseitig und negativ ist die Sicht auf das Alter, die sich daraus ergibt: Im Alter existiere kein geistiges Wachstum mehr, die Zufriedenheit nehme ab und Ältere leisteten keinen bedeutsamen Beitrag für die Gesellschaft. Diese Annahmen widersprechen jedoch den Fakten, wie gezeigt. Gleichzeitig ignoriert Emanuel die Heterogenität

2 Keine Vision für den demographischen Wandel

älterer Menschen sowie die Spielräume und Gestaltungsmöglichkeiten, die sich daraus ergeben.

Aus der Sicht, für die Emanuel hier exemplarisch steht, ist der demographische Wandel ausschließlich ein Problem im folgenden Sinn: Die Produktivität der Gesellschaft nimmt ab, weil Ältere weniger leistungsfähig sind. Gleichzeitig nimmt die Belastung der sozialen Sicherungssysteme wie des Gesundheitswesens zu. Der Anteil der Älteren an der Gesamtbevölkerung ist daher bereits jetzt zu hoch. Es wäre fatal, diesen Anteil weiter zu erhöhen, indem die Lebensspanne verlängert wird.

Wir können zwei Kernaussagen ableiten: Für den Einzelnen ist es nicht erstrebenswert, ein hohes Alter zu erreichen. Für die Gesellschaft ist es lediglich eine Belastung, wenn das vielen gelingt. Eine einseitig negative Haltung zum Altern, die auf negativen Altersstereotypen beruht, kann jedoch nicht nur das eigene Altern erschweren. Sie kann auch zu Altersdiskriminierung und Ageismus führen. Ageismus meint eine abwertende Haltung und entsprechende Handlungen gegenüber bestimmten Altersgruppen (Kruse & Wahl, 2010, S. 213 f.). Auf diese Weise kann sie zur selbsterfüllenden Prophezeiung werden.

Wie soll nun die Zukunft des Alterns auf der Basis dieser altersfeindlichen Haltung aussehen? Der zurückliegende Anstieg der Lebenserwartung ist aus dieser Sicht zuletzt keine Errungenschaft mehr, die gewonnenen Jahre kein Gewinn. Der demographische Wandel erweist sich als bedrohlich für die Innovationskraft und die sozialen Sicherungssysteme, insbesondere das Gesundheitswesen. Emanuels Botschaft an die Älteren lautet, sich zu bescheiden und Platz für Jüngere zu machen. Als Zukunftsvision wäre das ein Rückschritt gegenüber der Wertschätzung des langen Lebens. Emanuel betont zwar, dass chronische Erkrankungen zu erforschen wichtig sei. Aber seine Ansicht, die jetzige durchschnittliche Lebenserwartung reiche aus, und es sei wichtig, Grenzen der Lebenszeit anzuerkennen, lässt daran zweifeln, dass diese Forschung tatsächlich aus seiner Sicht eine hohe Priorität erhalten sollte.

Dieser Ablehnung liegt eine negative Sicht des Alterns zugrunde. Altern ist für sich genommen etwas Schlechtes. Gleichzeitig wäre auch ein längeres Leben kein großer Gewinn, weil wir bereits in der jetzigen Lebensspanne die sinnvollen Tätigkeiten vollbringen und die Werke vollenden können, zu denen wir überhaupt in der Lage sind. Bevor wir uns diese Argumente und die Tradition des Apologismus im Detail ansehen, wollen wir betrachten, wie es um die Bemühungen steht, das menschliche Altern zu verändern. Wie ist der Stand der Biologie des Alterns? Was sind ihre Ziele? Wie verhält beides sich zur Kritik Emanuels an einer Zukunft des Alters, die den »american immortals« entspricht, und zu seinen hauptsächlichen Argumentationssträngen?

3

Biologie des Alterns: Stand und Ziele

3.1 Grundannahmen der Biologie des Alterns

Die Biologie kommt der Lösung des Rätsels Altern näher

- ✓ Körperliches Altern ist an bestimmten molekularen Schäden erkennbar.
- ✓ Unterschiedliche Gene spielen eine Rolle, aber es gibt kein genetisches Programm für das Altern.
- ✓ Kalendarisch gleich alte Menschen unterscheiden sich im Hinblick auf ihr biologisches Alter.
- ✓ Biologisches Altern ist flexibel und formbar.

3.1 Grundannahmen der Biologie des Alterns

✓ Es gibt eine evolutionstheoretische Erklärung für diese Eigenschaften – die »Disposable Soma-Theorie« (etwa: »Entbehrliche Körper«-Theorie).
✓ Körperliches Altern ist keine evolutionäre Anpassung.
✓ Die natürliche Selektion begünstigt eine bestimmte Lebensspanne, die für einen Organismus typisch ist.

Das Rätsel des biologischen Alterns

Warum altern Lebewesen? Für Biologen ist es rätselhaft, warum eine Eigenschaft entstanden ist, die dem Überleben von Organismen abträglich ist. Die junge Wissenschaft der Biogerontologie oder Biologie des Alterns ist der Lösung dieses Rätsel zuletzt etwas nähergekommen, ohne es jedoch bisher ganz lösen zu können. Allerdings haben Biogerontologen in den letzten Jahrzehnten wichtige Grundlagen für ein besseres Verständnis des körperlichen Alterns gelegt. Zusammen mit Experimenten, die diese Grundlagen erweitern und anwenden, ist ein neuer Stand in dieser Wissenschaft erreicht (vgl. auch Band 1 dieser Reihe: Wahl et al., 2021, Kap. 3, S. 40 ff.).

Die Grundfrage nach dem Entstehen des biologischen Alterns kann man so formulieren: Sehr komplexe Organismen entwickeln sich im Wachstum aus einer einzelnen Zelle. Warum gelingt diesen Organismen die scheinbar einfachere Aufgabe nicht, ihren körperlichen Zustand des Erwachsenenalters dauerhaft zu erhalten, wenn sie ihn einmal erreicht haben? (Arking, 2018, S. 5). Erstaunlich sind dabei die Unterschiede einzelner Organismen. Von der Eintagsfliege bis zur jahrhundertealten Riesenschildkröte existiert eine sehr große Breite an Langlebigkeit und Abläufen des körperlichen Alterns. Manche Lebewesen vergehen nach einer sehr kurzen chronologischen Lebensspanne. Andere altern im Zeitraffer, nachdem sie sich fortgepflanzt haben, wie etwa Lachse. Schließlich gibt es Lebewesen, die sehr lange leben und gar keine Alterserscheinungen vorweisen. Zu solchen nicht-alternden Lebewesen gehören so unterschiedliche Geschöpfe wie Grannenkiefern, Muscheln und Hummer. Biologisches

3 Biologie des Alterns: Stand und Ziele

Altern stellt mit Blick auf die nicht-alternden Organismen also nicht einmal eine notwendige Eigenschaft des Lebens dar.

Molekulare Eigenschaften des körperlichen Alterns

Was zeichnet nun biologische Alterungsprozesse und ihre Gemeinsamkeiten aus? Woran sind sie erkennbar? Sind es auch bei sehr verschiedenen Lebewesen jeweils ähnliche Veränderungen auf der Ebene von Zellen und Molekülen? Der Schlüssel, um in Zukunft einmal das Rätsel des biologischen Alterns zu lösen, findet sich auf molekularer Ebene.

Wie kann man nun das biologische Altern an Molekülen erkennen? Ein Grundgedanke in der Biologie des Alterns besagt, dass die Gemeinsamkeit in bestimmten molekularen Schäden besteht. Diese Schäden entstehen durch körpereigene Vorgänge oder äußere Ursachen, häufen sich an und übersteigen schließlich die körpereigenen Reparatur- und Kontrollmechanismen. Das Resultat sind körperliche Fehlfunktionen, die nach und nach Zellen, Gewebe, Organe und schließlich den gesamten Organismus beeinträchtigen. Dabei handelt es sich im Einzelnen um sehr unterschiedliche Veränderungen der vielfältigen molekularen Strukturen im Körper. Diese molekulare Signatur des biologischen Alterns ist zunehmend erforscht. Solche Schäden häufen sich an und machen den alternden Körper zudem für Krankheiten verwundbarer. Das Sterberisiko steigt dadurch an (Kirkwood, 2008). Die einschlägigen Definitionen bezeichnen die Veränderungen des biologischen Alterns per se als »schädlich«, insofern sie körperliche Funktionen vermindern. Das unterscheidet sie von Veränderungen im Zuge von Wachstum und Selbsterhaltung. In ihrer Gesamtheit betrachtet bezeichnet die Biogerontologie diese Abläufe als »senescence« (»Seneszenz«).

Grundlegende Fragen an die Biogerontologie

Eine erste Grundannahme besagt also, dass biologisches Altern daran erkennbar ist, dass sich bestimmte molekulare Schäden immer mehr anhäufen. Aber das ist nur ein erster Schritt dabei, das Rätsel des biologischen Alterns zu lösen. Wer dieses Rätsel lösen möchte, muss weitere grundlegende Fragen beantworten: Welche Rolle spielt die Vererbung bei der Art und Weise, wie wir körperlich altern? Geschieht das auf eine vergleichbare Weise bei allen Menschen? Gibt es also ein genetisches Programm, das uns ähnlich alt werden lässt und so unsere Lebensspanne begrenzt? Oder gibt es kein solches Programm, das die Vorgänge des körperlichen Alterns zentral steuert und wir werden jeweils sehr unterschiedlich alt? Wie groß sind diese Unterschiede, und wie beeinflussbar ist das Altern?

Die Antwort auf diese Fragen hängt davon ab, wie körperliches Altern im Laufe der Evolution des Lebens auf der Erde entstanden ist. Auf diese Fragen hat die Biogerontologie mittlerweile grundlegende Antworten gefunden. Es gibt demnach keine genetische Steuerung bzw. eine genetische »Programmierung«, die alle Menschen gleichermaßen altern lässt. Einzelne Menschen altern unterschiedlich, und selbst ihre Organe folgen dabei nicht demselben Muster. Das biologische Altern bietet keinen Vorteil aus Sicht der Evolution, sondern ist ein Nebenprodukt der natürlichen Selektion. Damit sind Grundprinzipien einer »neuen« Biologie des Alterns festgehalten, die weiter unten genauer erklärt werden. Vorher geht es aber darum zu verstehen, dass es in der Biogerontologie nicht nur um ein theoretisches Verständnis des körperlichen Alterns geht. Die folgenden Prinzipien oder Säulen (Rattan, 2012) strukturieren das aktuelle Wissen und stellen einen Zusammenhang zwischen einzelnen Beobachtungen her.

3 Biologie des Alterns: Stand und Ziele

Tab. 3.1: Grundannahmen bzw. -prinzipien der Biogerontologie nach Rattan 2012

Prinzipien	Beschreibung
Molekulare Schäden	Im Laufe der biologischen Alterung nehmen molekulare Schäden zu, während gleichzeitig die körpereigenen Reparaturmechanismen nachlassen.
Nicht-genetisches Prinzip	Es gibt kein genetisches Programm, das die biologische Alterung steuert. Eine genetische Komponente gibt es dennoch. Einzelne Gene wirken sich in der späten Lebensphase schädlich aus, andere leisten einen Beitrag zur Langlebigkeit.
Variabilität des biologischen Alterns	Einzelne Menschen, die kalendarisch gleich alt sind, altern biologisch unterschiedlich schnell. Das trifft ebenfalls auf die Organe und Gewebe eines einzelnen Menschen zu. Zusätzlich zu den oben genannten Prozessen tragen zahlreiche Faktoren dazu bei – u. a. Umwelt, Gesellschaft.
Evolution der Lebensspanne	Die biologische Alterung stellt keine Anpassung von Organismen dar, die durch die natürliche Selektion begünstigt wurde. Einzelne Organismen sind vielmehr an eine typische Länge ihrer Lebensspanne angepasst, die von ihrer Umwelt bedingt wird.

Die genetische Komponente – kein Programm, aber Gene spielen eine Rolle

Die molekularen Veränderungen der biologischen Alterung ereignen sich individuell zufällig und folgen keinem festen Muster. Die Zufälligkeit bewirkt, dass kein zeitlich synchroner Ablauf von Alterungsprozessen bei verschiedenen Menschen existiert. Lediglich das kalendarische oder chronologische Alter erlaubt keine genauen Aussagen über das biologische Alter. Menschen, die chronologisch gleich alt sind, können sich in Bezug auf ihr biologisches Alter deutlich unterscheiden. Solche individuellen Unterschiede weisen darauf hin, dass es kein zentrales genetisches Programm gibt, das die biologische Alterung steuern würde.

Das Fehlen eines solchen Programms bedeutet nicht, dass Gene keine Rolle spielen. Die Biogerontologie vermutet sowohl positive wie negative Auswirkungen einzelner Gene. Die Langlebigkeit besitzt eine genetische Komponente, durch die körpereigene Reparaturmechanismen auf molekularer Ebene gesteuert werden. Die Mutation einzelner Gene führt bei Labororganismen wie Fadenwürmern dazu, dass deren Lebensspanne deutlich erhöht wird. Hinter diesem und anderen genetischen Effekten vermuten Experten einen übergeordneten Regelkreis, eine Art Schalter, der durch äußere Einflüsse aktiviert wird, um das Altern zu verlangsamen. Manche Biogerontologen sehen in diesen experimentellen Befunden und im vermuteten übergeordneten »Schalter« für zumindest einige Alternsprozesse einen der zentralen Bausteine der erwähnten »neuen« Biologie des Alterns (Partridge, 2010; Sinclair & LaPlante, 2019). Dieser elementare Regelkreis soll die Robustheit erhöhen, die Fortpflanzung zurückstellen, wenn die Umweltumstände widrig sind. Er soll bei verschiedenen Organismen über Artgrenzen hinweg vorhanden sein. Im Gegensatz zu einem starren genetischen Programm trägt dieser Regelkreis zur Plastizität bzw. Veränderbarkeit und Formbarkeit von Alternsprozessen bei.

Zusätzlich zu Genen, die die Robustheit der körpereigenen Reparaturmechanismen auf zellulärer Ebene regulieren, hat man weitere Erbanlagen gesucht, die einen positiven genetischen Faktor für das biologische Altern darstellen. Dies wären besondere »Langlebigkeitsgene«, und man vermutet sie insbesondere bei Menschen, deren Lebensspanne die durchschnittliche Lebenserwartung überschreitet. In genetischen Studien mit Hundertjährigen wurden jedoch bisher keine allen gemeinsamen Langlebigkeitsgene gefunden, die ihnen gleichermaßen helfen, ein hohes Alter zu erreichen. Obwohl der genaue genetische Beitrag unklar ist, weist jedoch ein Umstand darauf hin, dass es einen solchen Beitrag gibt: Die Wahrscheinlichkeit selbst ein hohes Alter zu erreichen, steigt für diejenigen, die mit Hundertjährigen eng verwandt sind (Adams et al., 2008). Ein Meilenstein der

Biologie des Alterns und der Langlebigkeit wäre erreicht, wenn diejenigen Gene, die zum langen Leben und zur besseren Gesundheit von Hundertjährigen beitragen, bekannt würden. Und wenn diese Erkenntnisse sich für Eingriffe nutzen ließen, die das biologische Altern aller Menschen entsprechend verändern könnten. Allerdings ist selbst die genetische Komponente noch unbekannt und ihre therapeutische Nutzung daher in noch weiterer Ferne (Arking, 2018, 216 ff.). Neben positiven genetischen Effekten vermutet man auch verschiedene negative. Gene, die sich erst in der späten Lebensphase negativ auswirken, können an nachfolgende Generationen weitergegeben werden. Dazu gehören Gene, die Erbkrankheiten auslösen können oder die Entstehung von chronischen Erkrankungen begünstigen.

Variabilität des biologischen Alterns – der Einfluss von gesellschaftlichen Faktoren

Zusammen bewirken die zufälligen molekularen Veränderungen und die individuell verschiedene genetische Komponente, dass nicht nur einzelne Menschen auf verschiedene Weise biologisch altern, sondern auch Organe und Gewebe eines Menschen. Der Biogerontologe Suresh Rattan hält dies noch einmal in einem eigenen Grundprinzip fest, der Variabilität des biologischen Alterns. Dieses Prinzip besagt, dass die Unterschiede beim menschlichen körperlichen Altern auf einer Wechselwirkung von genetischen, umweltabhängigen, verhaltensabhängigen und gesellschaftlichen Faktoren basieren. Die Unterschiede werden mit dem Älterwerden größer.

Ein Forschungszweig der Epidemiologie beschäftigt sich damit, wie diese Faktoren oder »sozialen Determinanten der Gesundheit«, wie es in der einschlägigen Fachsprache heißt, zu gesundheitlicher Ungleichheit beitragen (Commission on the Social Determinants of Health, 2008). Entstanden ist dieses Forschungsgebiet in Großbritannien. Dort untersuchte man gesundheitliche Unterschiede einige Zeit nach der Einführung der allgemeinen Gesundheitsversorgung des

3.1 Grundannahmen der Biologie des Alterns

National Health Service. Berühmt geworden ist die für diesen Forschungszweig bahnbrechende und beispielhafte »Whitehall Study«, benannt nach dem Gebäude, in dem sich die englische Regierungsbehörde befindet (Marmot et al., 1991). Überrascht stellte man fest, dass trotz gleichen Zugangs zum Gesundheitswesen teils erhebliche Unterschiede in der Lebenserwartung bestanden. Diese hingen unter anderem mit der Position in der Hierarchie des Beamtenapparats zusammen. Je höher jemand in der Hierarchie stand, desto länger die Lebenserwartung. Unterschiede gab es also nicht nur zwischen den Menschen am unteren und oberen Ende der Rangfolge, sondern über die vollständige Breite der Hierarchiestufen hinweg. Als Ursache für solche Unterschiede vermutete man unter anderem Stress, der durch berufliche Zwänge und fehlende Selbstbestimmung entstanden sein könnte. Auch in diesem Zusammenhang lassen sich negative Veränderungen auf molekularer Ebene finden, die mit Stress verknüpft sein sollen. So vermutet man eine Verbindung zwischen Stress und verkürzten Telomerenden, die zu einem schnelleren Zelltod führen können (Rentscher, Carroll & Mitchell, 2020). Telomere sind die Enden der DNA-Stränge, die keine Erbinformation enthalten. Sie werden bei jeder Teilung einer Zelle kürzer und begrenzen so die maximale Anzahl von Zellteilungen, das sogenannte Hayflick-Limit. Wenn sich durch Stress die Telomerenden in mehreren Zellen schneller verkürzen, dann führt das zu einem schnelleren Absterben einzelner Zellen.

Laut WHO können die sozialen Determinanten teilweise einen größeren Beitrag zur Gesundheit leisten als Gesundheitsversorgung oder Lebensstil (Commission on the Social Determinants of Health, 2008). In europäischen Ländern gibt es dabei beträchtliche Differenzen in der gesunden Lebenserwartung zwischen unterschiedlichen gesellschaftlichen Gruppen und auch zwischen einzelnen Ländern. Bei Frauen beträgt dieser Unterschied in Westeuropa durchschnittlich etwa vier Jahre, bei Männern durchschnittlich knapp acht Jahre. In skandinavischen Ländern ist der Unterschied mit etwas mehr als zwei Jahren (Frauen) und etwas mehr als drei Jahren (Männer) am geringsten. Die höchsten Unterschiede europaweit weisen manche osteuropäischen Länder auf mit etwas über sieben Jahren (Frauen) und beträchtlichen 15,5 Jahren (Männer).[3]

Festzuhalten ist, dass es eine Vielzahl an Faktoren gibt, die zum biologischen Altern beitragen. Neben genetischen Voraussetzungen spielen Lebensstile und soziale Bedingungen eine wesentliche Rolle. Dabei liegt auf der Hand, dass die beiden letztgenannten Faktoren auch ineinandergreifen und sich beeinflussen. Präferenzen bei der Ernährung entstehen in einem sozialen und kulturellen Kontext, ebenso wie der Konsum von Genussmitteln wie Alkohol und Nikotin. Bildung, die zu den wichtigsten sozialen Determinanten der Gesundheit zählt, beeinflusst Lebensstile ebenso stark wie nachhaltig, wobei Bildungschancen wiederum häufig ungleich verteilt sind. Faktoren, die zur gesundheitlichen Ungleichheit beitragen, summieren sich im Laufe des Lebens, was in den genannten Unterschieden der gesunden Lebenserwartung am deutlichsten zum Ausdruck kommt.

Empfehlungen zur Prävention von chronischen Erkrankungen beruhen in der Regel auf der Annahme, dass eigenverantwortliches Handeln allein einen entscheidenden Einfluss hat. Diskutiert werden beispielsweise Sanktionsmöglichkeiten, wie höhere Krankenversicherungsbeiträge bei selbst zu verantwortenden Risiken für die eigene Gesundheit. Die in diesem Zusammenhang genannten Faktoren, die einzeln und gemeinsam zur Variabilität des biologischen Alterns beitragen, sollten hier jedoch zu denken geben. Kaum festzustellen ist, wo die Grenze dafür verläuft, wie jemand selbst positiv das eigene Altern beeinflussen kann, und wo der Einfluss von genetischen oder äußeren Faktoren beginnt. Zu komplex ist das Zusammenspiel von zufälligen molekularen Schäden, einer individuell unterschiedlichen genetischen Komponente und sozialen Determinanten der Gesundheit.

---

3 Zur Situation in Europa: www.euro.who.int/en/health-topics/health-determinants/social-determinants/publications/2019/healthy,-prosperous-lives-for-all-the-european-health-equity-status-report.-executive-summary-2019 (aufgerufen am 20.12.2021).

Mit Sanktionen, die sich auf eine nicht wahrgenommene Eigenverantwortung beziehen, sollte man daher zurückhaltend sein. Das schließt nicht aus, Anreize für einen gesunden Lebensstil zu setzen. Die Variabilität des biologischen Alterns zeigt nicht nur, dass es anstatt eines strengen Musters eine Vielzahl von Faktoren gibt, die zu individuell verschiedenen Ergebnissen führen. Sie zeigt ebenso, dass es individuelle Spielräume gibt, die durch unterschiedliche Maßnahmen genutzt werden können. Die Erklärung, weshalb es diese Spielräume gibt und weshalb biologisches Altern formbar ist, liefert die Evolutionstheorie.

Evolutionäres Lebenslaufprinzip – Biologisches Altern aus Sicht der Evolution

Ein berühmtes Zitat des Evolutionsbiologen Theodosius Dobzhansky lautet, dass in der Biologie nichts Sinn macht, außer im Licht der Evolution (Arking, 2018, S. 106). Das muss also auch für das Altern gelten. Mit Evolution ist dabei die Entstehung und Entwicklung der biologischen Arten und ihrer Merkmale gemeint. Die Evolutionstheorie versucht die Gesetzmäßigkeiten dieses Prozesses zu erklären, etwa durch Anpassung an Umweltbedingungen, sofern bestimmte vererbbare Merkmale vorteilhaft für Überleben und Fortpflanzung sind (Mayr, 2005). Bezogen auf die biologische Alterung stellt sich aus evolutionstheoretischer Sicht die Frage: Warum ist etwas in der natürlichen Evolution entstanden, das augenscheinlich keinen Überlebens- oder Fortpflanzungsvorteil für ein Lebewesen bietet?

Dem deutschen Biologen August Weismann (1834–1914) kommt das Verdienst zu, eine erste evolutionstheoretische Erklärung der biologischen Alterung formuliert zu haben (Rose et al., 2008). Sie ist auch immer noch von Interesse, da sie eine biologische Variation des alten kulturellen Themas bietet, wonach der Vorteil des Alterns darin liegt, dass es einen Generationswechsel herbeiführt. Weismanns These lautet, dass die biologische Alterung nicht für das einzelne Individuum, wohl aber für das Überleben einer Spezies von Vorteil sei.

Denn Alternsprozesse würden dazu führen, so Weismann, dass ältere Individuen jüngeren derselben Art Platz machten. Andernfalls würden sie mit diesen um Ressourcen konkurrieren, was zu einer Knappheit und mangelnder Gesamtfitness einer Gruppe von Lebewesen einer Art führen könne. Dies würde schließlich das Überleben der Art gefährden. Ein evolutionärer Vorteil des Alterns sei es also, diese Konkurrenz zu vermeiden. Ähnliche Denkfiguren, die bis in die Gegenwart eine wichtige Rolle spielen, weisen eine lange Vorgeschichte auf und gehen auf Mythen zurück, die in unterschiedlichen Kulturen weit verbreitet sind (▶ Kap. 4). Daher ist es nicht erstaunlich, dass der Gedanke der Erneuerung durch Generationswechsel auch in die Biologie Eingang gefunden hat. Selbst in der Gegenwart ist diese Idee noch verbreitet, allerdings mehr aus kulturell-philosophischer Perspektive. Wie wir gesehen haben, spielt dieser Gedanken etwa in Emanuels Ablehnung eines längeren Lebens eine wichtige Rolle.

Weismanns Ansicht, dass biologisches Altern entstanden sei, weil es den Generationswechsel begünstige, weist die Evolutionsbiologie mittlerweile zurück. Sie ist widersprüchlich, weil sie davon ausgeht, dass ältere Individuen jüngeren gegenüber einerseits weniger fit sein sollen, diese aber in der Konkurrenz um Ressourcen übertreffen könnten. Weismann geht zudem von einer falschen Faktenlage aus: In der Natur kommt ein fortgeschrittenes biologisches Alter nicht vor, sondern nur in geschützten Umgebungen wie in Laboren. In einer natürlichen Umgebung sterben Lebewesen an äußeren Ursachen, bevor sie Alterserscheinungen aufweisen. Dieser Umstand führt zum Grundgedanken der neueren evolutionsbiologischen Erklärung des biologischen Alterns. Dieses ist keine evolutionäre Anpassung, etwa in Form eines genetischen Programmes mit einem Überlebensvorteil. Die biologische Alterung ist nicht aufgrund der natürlichen Selektion entstanden. Die späte Lebensphase unterliegt keinem Selektionsdruck, da Fortpflanzung vorher stattfindet. Genetisch bedingte körperliche Nachteile, die erst dann auftreten, unterliegen nicht der natürlichen Selektion und können daher an die kommende Generation weitergegeben werden. Der Biologe George C. Williams erklärte in den 1950er Jahren auf diese Weise die Vererbung von Genen, die sich erst spät im Leben schädlich auswirken (Rose et al., 2008).

Entbehrliche Körper – Disposable Soma-Theorie

Die »Disposable Soma«-Theorie entwickelt den Gedanken weiter, dass das biologische Altern lediglich ein Nebenprodukt der natürlichen Selektion sei (Kirkwood, 2008). Sie unterscheidet die »unsterbliche« Keimbahn, d. h. die Gene, die über Generationen weitergegeben werden, vom »entbehrlichen« (»disposable«) Körper (»soma«). Alle Lebewesen sterben irgendwann durch äußere Ursachen. Fortpflanzung und Vermehrung gewährleisten, dass die Keimbahn weiterbesteht. Ein zweiter Grundgedanke der »Disposable Soma«-Theorie lautet, dass Lebewesen nur eine begrenzte Menge an Energie zur Verfügung steht. Diese Energiemenge müssen sie zwischen Fortpflanzung und Erhalt des Körpers aufteilen. Der natürlichen Selektion unterworfen ist dabei die genetische Disposition dafür, wie Energieressourcen zwischen Reproduktion und Selbsterhalt verteilt werden. Folgendes Beispiel kann diese These veranschaulichen. Mäuse haben in geschützten Umgebungen eine maximale Lebensspanne von etwa drei Jahren. In der Natur fallen jedoch nach zwei Jahren 90 % aller Mäuse Fressfeinden, Kälte oder Nahrungsmangel zum Opfer. Die genetische Variante einer Maus, die aufgrund ihrer Erbanlagen besonders langlebig wäre, sich dafür aber seltener fortpflanzt, würde bei sonst gleichbleibenden Umständen in der Natur wieder verschwinden. Die natürliche Selektion sollte nach diesem Grundgedanken die körperliche Robustheit so optimieren, dass ein Organismus für eine typische Lebensspanne erhalten bleibt. Diese speziestypische Lebensspanne ergibt sich aus der jeweiligen Fortpflanzungsstrategie und einer durchschnittlichen Überlebensdauer, die durch die arttypische Umwelt und ihre Mortalitätsrisiken bestimmt wird. Biologisches Altern tritt jenseits dieser Lebensspanne auf, die die Biogerontologie u. a. auch »life span potential« oder »essential life span« nennt. Es tritt nicht auf, weil es ein Überlebensvorteil ist, den die natürliche Selektion begünstigt. Tom Kirkwood, einer der Begründer der »Disposable Soma«-Theorie, umschreibt es so: »Unsere Körper sind nicht so konstruiert, dass sie versagen müssen, aber auch nicht für einen dauerhaften Erhalt«[4] (Kirkwood, 2008).

Aus dieser Grundthese lassen sich weitreichende Schlüsse ziehen, die verdeutlichen, wie sehr die biogerontologische Sicht unser Verständnis des körperlichen Alterns verändern kann. Biologisches Altern ist keine notwendige Eigenschaft von Lebewesen. Es gehört daher auch nicht zu einem evolutionär entstandenen »Bauplan« des menschlichen Körpers. Das wäre der Fall, wenn es ein genetisches Programm gäbe, das die biologische Alterung zentral steuert. Gäbe es ein solches Programm, wäre es sehr schwierig, die entsprechenden Alternsprozesse zu verändern. Denn man müsste die Funktionsweise des menschlichen Körpers vollständig neugestalten. Die Grundannahmen der Biogerontologie zeigen einen größeren und einfacher herzustellenden Spielraum für ein anderes körperliches Altern auf. Ein längeres menschliches Leben mit einem verlangsamten Alternsprozess ist aus biologischer Sicht erreichbar. In der Biogerontologie sind mit Experimenten an Labororganismen bereits die ersten Schritte auf diesem Weg gegangen. Selbst ein Leben ohne körperliches Altern ist theoretisch denkbar, aber noch in weiter Ferne.

3.2 Das menschliche Altern neu formen

Das Ziel, die Gesundheit im Alter zu verbessern

✓ Aus biogerontologischer Perspektive gibt es einen engen Zusammenhang zwischen Seneszenz und altersbedingten Erkrankungen.

---

4 Übersetzung des Autors.

✓ Im Tierversuch ist es bereits gelungen, Alternsprozesse zu verlangsamen und die Lebensspanne zu verlängern.
✓ Zu den Methoden gehören u. a. Kalorienrestriktion, Medikamente, genetische Veränderungen und Stammzelltherapien.
✓ Diese Methoden sind auf den Menschen übertragbar und erste Studien laufen bereits.
✓ Das wesentliche Ziel ist es, die Gesundheit im Alter zu verbessern.
✓ Gleichzeitig könnte die durchschnittliche Lebensspanne weiter steigen.
✓ Die Gesellschaft profitiert von einer »Langlebigkeitsdividende«.

Biologisches Altern und Krankheit

Der Biogerontologie geht es nicht nur darum, das biologische Altern zu verstehen. Auf lange Sicht will sie das menschliche Altern auf der Basis ihrer Erkenntnisse auch verändern. Die Biogerontologie formuliert das als erklärtes Ziel. Warum? Es geht dabei weder um jugendliches Aussehen wie bei zahlreichen Anti-Ageing-Produkten der kosmetischen Industrie noch um diesseitige »Unsterblichkeit«. Von beidem grenzen sich viele Biogerontologen ausdrücklich ab. Das vorrangige Ziel lautet, für eine verbesserte Gesundheit im Alter zu sorgen. Die Biogerontologie nimmt eine sehr enge Verbindung zwischen biologischem Altern und chronischen Erkrankungen an, die im Alter vermehrt auftauchen, so zum Beispiel Krankheiten wie Diabetes, Herz-Kreislauferkrankungen, Krebs, Osteoporose oder die Alzheimer-Krankheit.

Die bereits erwähnte einschlägige Definition des biologischen Alterns setzt die charakteristischen molekularen Veränderungen mit Schäden gleich. Für das biologische Altern ist per Definition also kennzeichnend, dass molekulare Schäden zu Funktionsverlusten führen. Auf der Ebene von Zellen, Geweben und Organen stören die seneszenten Prozesse schließlich das gesamte funktionale Gleichgewicht des Körpers, die Homöostase, dauerhaft. Laut vielen Biogerontologen führt die biologische Alterung ursächlich durch die charakteristischen molekularen Schäden zu chronischen Erkrankungen. Solche Erkrankungen weisen dieselben molekularen Kennzeichen auf wie biologische Alterungsprozesse. Das heißt ein solcher Alterungsprozess kann an denselben Veränderungen erkannt werden wie manche Krankheiten. Will man altersassoziierte Erkrankungen verhindern oder therapieren, sollte man der Biogerontologie zufolge daher bei biologischen Alterungsprozessen ansetzen.

Mögliche Eingriffe in das biologische Altern

Um die biologische Alterung aufzuhalten oder zumindest zu verlangsamen, müsste man folglich die einschlägigen molekularen Schäden verhindern oder reparieren. Der Weg von der Theorie zur praktischen Anwendung erweist sich allerdings als schwierig. Ein Beispiel dafür sind Antioxidantien. Die Theorie der oxidativen Schäden besagt, dass viele der für das biologische Altern charakteristischen molekularen Schäden durch freie Sauerstoffradikale verursacht werden. Solche Sauerstoffradikale entstehen beim Stoffwechsel der Zelle. Sie reagieren leicht mit anderen chemischen Verbindungen, die dann oxidieren. Antioxidantien sollen diese chemischen Reaktionen verhindern, da sich die freien Sauerstoffradikale bevorzugt an sie binden sollen. Auf diese Weise will man die entsprechenden molekularen Schäden verhindern. Mit diesem Effekt werben zahlreiche Kosmetika und Nahrungsergänzungsmittel. Die gesundheitsfördernde Wirkung der Mittelmeerdiät, die reich an Gemüse, Fisch und Olivenöl ist, wird auf ihre antioxidative Wirkung zurückgeführt. Antioxidantien als Nahrungsergänzungsmittel wie Vitamine haben sich jedoch in vielen entsprechenden klinischen Studien als wenig wirksam herausgestellt (Harman, 2009; Sadowska-Bartosz & Bartosz, 2014). Antioxidantien sind kein Einzelfall. Für die Methoden, das biologische Altern aufzuhalten, fehlen derzeit noch die Belege aus umfangreichen klinischen Studien. Angesichts dieser fehlenden Evidenz gibt es also keine überzeugende Grundlage, um aus biogerontologischen Erkenntnissen abgeleitete Mittel oder Methoden zu empfehlen, die manche Zeitgenossen schon erproben.

Eine Methode besteht darin, einen Regelkreis zu nutzen, der etwa beim Fasten dazu führt, dass durch einzelne Gene körpereigene Reparaturmechanismen verstärkt aktiviert werden. Die aus der Disposalbe Soma-Theorie abgeleitete Erklärung dieser Umstellung lautet, dass es ein evolutionärer Vorteil ist, wenn die Verteilung der Energieressourcen zwischen Fortpflanzung und Selbsterhaltung flexibel ist. Sofern also die äußeren Umstände für Fortpflanzung wenig günstig sind, aktivieren die entsprechenden Regelkreise Reserven der molekularen und zellulären Reparatur (Kirkwood, 2008). So lassen sich beispielsweise Zeiträume besser überbrücken, in denen Nahrung knapp ist. Daher löst Kalorienmangel bei vielen Organismen eine entsprechende Umstellung des Stoffwechsels aus. Bereits 1934 wurde von McCay erforscht, wie sich Labororganismen verändern, wenn ihnen Kalorien entzogen werden, ohne dass eine Mangelernährung vorliegt. Das Resultat war eine verlängerte Lebensspanne bei verbesserter Gesundheit. Mittlerweile haben andere Forscher diese »Kalorienrestriktion« in unterschiedlichen Variationen der Zusammenstellung der Ernährung, des Zeitpunkts im Lebenslauf und der Labororganismen untersucht. Die Resultate haben dabei den ersten Befund McCays über Speziesgrenzen hinweg bestätigt (Masoro, 2005). Sehr unterschiedliche Organismen wie Hefen, Fruchtfliegen, Fadenwürmer oder Mäuse leben unter einer Kalorienrestriktion länger und gesünder. Das könnte auch beim Menschen der Fall sein.

Bisher gibt es dafür einige Anzeichen. Die Einwohner der japanischen Insel Okinawa sollen deswegen länger als andere Japaner leben, weil dort die traditionelle Ernährungsweise kalorienarm ist. Bei den Teilnehmern des Experiments Biosphere, das einen Marsflug simuliert hat, verbesserten sich einige Gesundheitswerte durch eine entsprechende Diät. Schließlich läuft in den USA die Studie CALERIE, die diese Ernährungsweise untersucht und ähnliche Zwischenresultate lieferte (Arking, 2018, S. 237–258). Die Kalorienrestriktion verlangt allerdings denjenigen einiges ab, die sich so ernähren wollen. In der Forschung wird jedoch vermutet, dass manche Medikamente über

3 Biologie des Alterns: Stand und Ziele

dieselben Mechanismen und Regelkreise einwirken könnten, ohne dass man die Nahrungsaufnahme reduzieren müsste. Die entsprechenden Pharmazeutika nennt man daher »Kalorienrestriktionsmimetika«. Andere mögliche Interventionen schließen Methoden ein, die bereits im Tierversuch erfolgreich erprobt wurden. Dazu gehören Stammzelltherapien, Eingriffe in epigenetische Veränderungen und andere. Wichtig ist in diesem Kontext nicht, um welche Interventionen es sich genau handelt. Vielmehr ist der Stand dieser Forschung entscheidend: Im Tierversuch ist es bereits gelungen, Alternsprozesse zu verändern. Es gibt gute Gründe für die Annahme, dass dieselben Vorgehensweisen auch beim Menschen wirksam sein könnten. Langfristige Studien, die das belegen sollen, werden gerade konzipiert oder liefern schon erste Ergebnisse (Longo et al., 2015). Die Biogerontologie ist also bereits über rein theoretische Überlegungen hinaus, das körperliche Altern zu verändern. Eine neue Altersmedizin auf dieser Grundlage befindet sich jedoch erst in den Anfängen. Interventionen mit nachgewiesener Sicherheit und Wirksamkeit gibt es noch nicht. Wann sie verfügbar sein werden und wie sie genau das biologische Altern verändern können, ist gegenwärtig noch nicht absehbar.

Tab. 3.2: Lebensverlängerung von Labororganismen durch verlangsamtes biologisches Altern (nach Fontana, Partridge & Longo, 2010)

Organismus	Anstieg der Lebensspanne	Methoden
Hefen	10-fach	Genmutation, Pharmazeutika, Kalorienrestriktion (KR). Kombinationen
Fruchtfliegen	60–70 %	Mutationen und Pharmazeutika
Fadenwürmer (C. elegans)	10-fach	Mutationen und Pharmazeutika
Mäuse	100 %	KR, Mutationen und Pharmazeutika, Komb.

3.2 Das menschliche Altern neu formen

Welche Ziele sollen Eingriffe ins körperliche Altern haben?

Die Zielsetzungen und Prognosen in Expertenkreisen gehen abgesehen vom allgemein akzeptierten Ziel der verbesserten Gesundheit im Alter weit auseinander. Unklar ist gegenwärtig, wie sich die durchschnittliche Lebenserwartung bei der Geburt auch ohne neue Altersmedizin auf biogerontologischer Grundlage weiter entwickeln wird. Seit Mitte des 19. Jahrhunderts stieg diese in den Ländern, die bei dieser Statistik jeweils am besten abschnitten, um durchschnittlich drei Monate pro Jahr an. Noch nie zuvor haben so viele Menschen weltweit ein Alter jenseits von 60 Jahren erreicht. Die durchschnittliche Lebenserwartung steigt global weiter an und die über 80-Jährigen sind die am stärksten wachsende Altersgruppe. Manche Experten glauben, dass sich dieser Trend ungebrochen fortsetzen könnte (Oeppen & Vaupel, 2002). Andere sind dagegen der Meinung, dass sich die durchschnittliche Lebenserwartung einer oberen biologischen Grenze nähert. Ein weiterer Anstieg sei ohne biomedizinische Eingriffe nicht möglich (Carnes, Olshansky & Grahn, 2003).

Die bisherigen Errungenschaften eines längeren und gesünderen Lebens für einen historisch unerreichten Anteil der Gesellschaft sind dabei nicht selbstverständlich. In den USA beobachten Experten für manche Bevölkerungsgruppen allerdings eine Umkehrung des Trends. Sie führen eine sinkende durchschnittliche Lebenserwartung auf die hohe Verbreitung von Adipositas zurück. Dazu trägt ein bewegungsarmer Lebensstil mit einer industriellen Ernährung aus Fertigprodukten bei, die einen hohen Anteil von bearbeitetem Zucker und Fetten besitzen (Harper, Kaufman & Cooper, 2017). Auch die Wiederkehr von Infektionskrankheiten kann einen Rückgang der durchschnittlichen Lebenserwartung bewirken, was die COVID-19-Pandemie zuletzt verdeutlicht hat. In manchen europäischen Ländern hat die Pandemie bereits zu einem Rückgang der Lebenserwartung bei der Geburt um etwa ein Jahr geführt. Je nach weiterer Entwicklung der Infektionsraten kann eine deutliche Trendumkehr der ansteigenden Lebenserwartung eintreten (Marois, Muttarak & Scherbov, 2020). Ein grundsätzlicher Optimismus in der Biogerontologie besagt allerdings, dass sich der historische Erfolg des längeren Lebens mit Hilfe des verlangsamten Alterns weiter fortsetzen und verbessern lassen wird.

Einige prominente Personen aus unterschiedlichen Bereichen der Gerontologie und Geriatrie stellen der Gesellschaft eine »Langlebigkeitsdividende« (»longevity dividend«) in Aussicht (Olshansky, 2016). Diese Dividende werde in Form von etwa weiteren sieben gesunden Lebensjahren ausgeschüttet, wenn die Gesellschaft mehr in die einschlägige biogerontologische Forschung investiere. Der geforderte Betrag für diese Forschung entspricht einem Prozent der Ausgaben für das Programm Medicare für Rentner im US-amerikanischen Gesundheitswesen, das der deutschen gesetzlichen Krankenversicherung ähnelt. Dieses Budget umfasst etwas mehr als 300 Milliarden US-Dollar, die Forschungsinvestition sollte demnach also 3 Milliarden US-Dollar betragen. Das sei nach Davis ungefähr die Summe, die die staatliche Forschung in den USA für die häufigsten und schwersten Erkrankungen im Alter ausgibt, wie etwa Krebs, Schlaganfälle oder Diabetes (Davis, 2018, S. 107). Die Langlebigkeitsdividende würde anfallen, indem diese Erkrankungen verhindert werden. Angestrebt wird vor allem gesünderes Altern und eine moderate Lebensverlängerung bei gleichzeitiger Morbiditätskompression.

Im Mittelpunkt steht die These, dass sich ein weiterer Fortschritt bei der Lebenszeit ohne altersassoziierte Erkrankungen oder gesunden Lebenserwartung nur durch Methoden erreichen ließe, die auf biogerontologischen Erkenntnissen basieren. Die Befürworter der Langlebigkeitsdividende stellen das bisherige medizinische Modell, altersassoziierte Erkrankungen jeweils einzeln zu erforschen und zu therapieren, einem neuen Ansatz gegenüber. Dieses Vorgehen nennen sie ein »neues Modell für Krankheitsprävention und Gesundheitsförderung für das 21. Jahrhundert«. Der Grundgedanke besteht darin, das biologische Altern als gemeinsame Ursache für unterschiedliche chronische Erkrankungen zu erforschen und entsprechend zu bekämpfen.

Wir sollten uns allerdings vergegenwärtigen, dass Präventionsmaßnahmen, die einen gesünderen Lebensstil fördern, die einzigen

3.2 Das menschliche Altern neu formen

wirksamen Mittel sind, um gesünder älter zu werden. Bereits jetzt haben Lebensstiländerungen das Potenzial, die durchschnittliche gesunde Lebensspanne um 7–10 Jahre zu verlängern. Ein Irrtum wäre es, zu glauben, dass die Auswirkungen eines ungesunden Lebensstils, etwa in Form von Tabakkonsum oder einer ungesunden Ernährung, schlicht durch neue Interventionen wie Kalorienrestriktion oder Medikamente mit vergleichbarem Effekt wettzumachen wären (Arking, 2018, S. 193 ff.). Bekannte Empfehlungen zum Lebensstil und allgemeine Präventionsmaßnahmen sollten also in jedem Fall nicht vernachlässigt werden. Möglich ist es natürlich, dass sich neue Erkenntnisse über die Möglichkeiten zur Verlangsamung des biologischen Alterns mit bereits länger bekannten Präventionsmaßnahmen kombinieren lassen. Zusätzlich sollte man auch an das Potenzial der oben genannten sozialen Determinanten der Gesundheit erinnern. Gezielte Maßnahmen, die die Bildungschancen und Lebensbedingungen der sozial Schwächsten verbessern, schaffen ebenfalls die Möglichkeit, die durchschnittliche Lebenserwartung zu erhöhen. Gleichzeitig wird so gesundheitliche Ungleichheit reduziert, die durch gesellschaftlich unterschiedliche Lebensbedingungen entsteht.

Andere Vorhersagen sind weniger zurückhaltend als diejenigen der Befürworter der »Langlebigkeitsdividende«. Manche Biogerontologen wetten darauf, dass die durchschnittliche Lebenserwartung bei der Geburt schon bald auf 150 Jahre ansteigen könnte (Sinclair & LaPlante, 2019). Der ehemalige Computerwissenschaftler Aubrey de Grey, der als Aktivist das Ende des Alterns propagiert, erhält viel mediale Aufmerksamkeit mit der These, dass eine radikale Lebensverlängerung in naher Zukunft erreichbar sei. Würde biologisches Altern vollkommen angehalten oder rückgängig gemacht werden, ergäbe sich eine durchschnittliche Lebenserwartung von 1.000 Jahren durch ein gleichbleibend niedriges Sterberisiko (de Grey & Rae, 2010). Im Labor ist eine solche 10fache Lebensverlängerung tatsächlich bei Fadenwürmern bereits erreicht worden (Fontana, 2009).

Ob nun die Vertreter der »longevity dividend« oder Anhänger einer radikalen Lebensverlängerung wie de Grey auf Dauer Recht behalten werden, lässt sich gegenwärtig schwer abschätzen. Skepsis ist jedoch gegenüber umfassenden Durchbrüchen in naher Zukunft angebracht, wie beispielsweise solche Versprechen in der Krebsmedizin, die schon vor einigen Jahrzehnten gemacht wurden, verdeutlichen (Wiesing, 2020, S. 103 ff.). Wie bereits erwähnt steht die neue Altersmedizin auf biogerontologischer Grundlage noch am Anfang. Lediglich die ersten Schritte sind gemacht und man sollte sich darüber im Klaren sein, dass es im Moment noch keine biomedizinischen, evidenzbasierten Möglichkeiten gibt, biologisches Altern zu verlangsamen, auch nicht moderat. Dennoch bleibt die wahrscheinliche Aussicht bestehen, dass die Grenze der beobachteten maximalen menschlichen Lebenserwartung, die derzeit bei 120 Jahren liegt, weiter nach oben verschoben werden kann. Denn das biologische Altern ist grundsätzlich formbar und die Methoden dafür werden nach und nach besser verstanden. Man kann von einer Lebensverlängerung durch verlangsamtes oder angehaltenes Altern sprechen. Die Verlängerung des menschlichen Lebens kann dabei moderat wie bei der Langlebigkeitsdividende oder radikal ausfallen. Da es in diesem Kontext nur um Lebensverlängerung durch Eingriffe ins Altern geht und nicht um die Thematik einer Lebensverlängerung durch medizinische Eingriffe bei einer schweren Erkrankung am Lebensende, wird hier der Einfachheit halber nur der Begriff »Lebensverlängerung« verwendet, ohne den Zusatz »durch verlangsamtes Altern«. Im jeweiligen Kontext wird dann noch zwischen »moderater« und »radikaler« Lebensverlängerung unterschieden. Während noch unklar ist, was überhaupt in naher Zukunft möglich sein wird, ist umstritten, was angestrebt werden soll. In jedem Fall wird die Biogerontologie zu einem grundlegenden neuen Verständnis des Alterns beitragen. Eine erfolgreiche Lebensverlängerung hat das Potenzial, das menschliche Leben auf tiefgreifende Weise zu verändern, was rechtzeitige ethische Überlegungen und rechtliche Regelungen erfordert.

3.3 Die Conditio humana ändern? Philosophische Implikationen der Biogerontologie

Die Biogerontologie hat das Potenzial, unser Verständnis des körperlichen Alterns zu verändern.

- ✓ Aus biogerontologischer Sicht ist körperliches Altern keine Naturnotwendigkeit und sollte verhindert werden.
- ✓ Das biogerontologische Verständnis des körperlichen Alterns enthält negative Wertungen, die nicht auf alle Aspekte des Alterns übertragen werden sollten.
- ✓ Die Bedingungen des menschlichen Lebens oder der Conditio humana wären auch bei einem sehr viel längeren Leben nicht grundsätzlich verändert.
- ✓ Zum Schlechten verändern könnten sich jedoch die Bedingungen für ein erfülltes oder glückliches Leben.
- ✓ Damit ist die Aussage verknüpft, dass etwas Natürliches wie das körperliche Altern auch gut ist.
- ✓ Eine solche Aussage muss jedoch begründet werden, da Werturteile nicht allein aus dem Bestehen von natürlichen Tatsachen abgeleitet werden können.

Dies wirft grundlegende Fragen auf:

- ? Ab welcher Lebensspanne ist ein längeres, gesundes Leben kein Gut mehr?
- ? Ab welcher Lebensspanne sind altersbedingte Krankheiten und der Tod keine Übel mehr?

Die Biogerontologie wertet körperliches Altern negativ und stuft es als veränderungswürdig ein. Für naturwissenschaftliche Positionen, die in der Regel als wertneutral angesehen werden, ist das ungewöhnlich, aber in diesem Fall nachvollziehbar. Der Grundgedanke der Biogerontologie, dass biologisches Altern sich in molekularen Schäden äußert, führt zu dieser negativen Wertung. Wenn etwas beschädigt wird, dann weist es in irgendeiner Form einen Mangel auf, weicht von einem Zustand ab, in dem es sein sollte, unbeschädigt und ganz. Im Hinblick auf Funktionen, weicht es von Normen ab. Da die entsprechenden molekularen Schäden mit altersassoziierten Erkrankungen verbunden werden, die Leiden verursachen, verstärkt sich diese Wertung. Biologisches Altern ist aus dieser Perspektive etwas, das verhindert werden sollte, sofern es anfällig für Krankheit und Tod macht und sofern ganz allgemein Krankheit und Tod verhindert werden sollen. Ist der Zusammenhang von Altern und Krankheit gut belegt, so folgt daraus, biologisches Altern zu bekämpfen, um so den entsprechenden Erkrankungen vorzubeugen. Ein Erfolg würde jedoch gesellschaftliche Risiken mit sich bringen.

Die biogerontologische Sicht würde zunächst auf unser Verständnis des Alterns insgesamt an Einfluss gewinnen. Je mehr Vorstellungen aus der Biologie des Alterns unser Verständnis des Alterns beeinflussen, desto größer ist die Gefahr, dass damit auch entsprechende negative Wertungen prägend werden. Alle Bedeutungen des menschlichen Alterns hängen mit der biologischen Alterung zusammen. Wenn wir nicht körperlich auf die jetzige Art und Weise altern würden, wäre auch die psychologische und kulturelle Sicht auf das Altern anders. Wie in anderen Bereichen lässt sich menschliches Leben jedoch nicht auf seine biologische Bedingtheit reduzieren. Das biogerontologische Verständnis körperlichen Alterns sollte weder negiert noch zum Verständnis des Alterns insgesamt gemacht werden. Es sollte lediglich als eine Facette des Alterns verstanden werden, die in ein umfassenderes Verständnis zu integrieren ist. Umgekehrt steht ein solches Verständnis nicht für alle Zeiten fest und kann durch neue biogerontologische Möglichkeiten verändert werden. Die körperliche Alterung gehört zu den Bedingungen der leiblichen Existenz. Sollte sie verlangsamt oder gar angehalten oder umgekehrt werden, würde man, wie der US-amerikanische Ethiker John K. Davis anmerkt, die Conditio humana ändern. Für die mensch-

3.3 Die Conditio humana ändern?

liche Lebensweise wäre das ein zivilisatorischer Einschnitt, der in seiner historischen Bedeutung nach Davis mit der Domestizierung von Tieren oder der Industrialisierung vergleichbar sei (Davis, 2018).

Allerdings stellt sich die Frage, ob und auf welche Weise sich die Conditio humana ändern würde. Zu klären ist, was damit genau gemeint ist und inwiefern das eine Herausforderung darstellt. Das soll in der Folge noch genauer untersucht werden (▶ Kap. 6.1). Aber wir können schon an dieser Stelle festhalten: Menschen würden weiterhin altern, aber möglicherweise über einen deutlich längeren Zeitraum. Das Verständnis der Biogerontologie besagt, dass biologisches Altern plastisch und flexibel ist. Die Art und Weise, wie wir als Menschen gegenwärtig altern, ist keine biologische Notwendigkeit. Begrenzte Lebenszeit, Generationswechsel und -beziehungen bleiben jedoch weiterhin bestehen. Ändern würde sich lediglich der zeitliche Rahmen dafür. Menschen würden länger gesund bleiben und länger leben. Eine eingangs bereits hervorgehobene Leitfrage dieses Buchs lautet, warum viele dieser Aussicht skeptisch gegenüberstehen.

Erste Antworten haben wir bei Ezekiel Emanuel gefunden. Es geht darum, ob ein längeres Leben selbst bei guter Gesundheit ein erfülltes oder glückliches Leben sein kann. Oder ob die gewonnene Lebenszeit gar nicht sinnvoll genutzt werden kann. Zum Schlechten wenden können sich auch die gesellschaftlichen Bedingungen für das Leben des Einzelnen, etwa durch eine statische Gesellschaft ohne Innovationsvermögen. Daher lösen biogerontologische Ziele, das Altern zu verändern, bei vielen Menschen Unbehagen und Bedenken aus (Feeser-Lichterfeld et al., 2007). Eine wichtige Rolle spielt bei diesen Bedenken die Tatsache, dass biologisches Altern etwas Natürliches ist. Wäre es nicht besser und klüger, das menschliche Leben so zu belassen, wie es von Natur aus beschaffen ist, auch (und vielleicht gerade dann), wenn körperliches Altern, Gebrechlichkeit und die Lebenszeit innerhalb der jetzigen Grenzen dazugehören? Drückt sich im Veränderungswillen dieser Bedingungen nicht menschliche Überheblichkeit aus? Sind nicht die moderne Wissenschaft und Technik gerade dann besonders zerstörerisch, wenn sie die Natur missachten?

Aber Natürlichkeit allein reicht nicht aus, um zu begründen, dass etwas auch gut ist. Daran erinnern gerade die Befunde der Biogerontologie, die einen Zusammenhang zwischen zahlreichen altersbedingten Erkrankungen und der biologischen Alterung herstellen. Diabetes, der Verlust von Sinneswahrnehmungen und Mobilität, Demenz und auch viele Krebserkrankungen sind mit dem körperlichen Altern zusammen ebenfalls ein Bestandteil der menschlichen Natur. Der einfache Verweis auf die Natürlichkeit des körperlichen Alterns reicht als Begründung nicht aus, weshalb man es nicht verändern sollte. Die Beweislast liegt aufgrund des Zusammenhangs mit altersassoziierten Erkrankungen bei den Gegnern dieser Veränderung. Sie müssen die Fragen beantworten: Warum oder ab welcher Lebensspanne wären das körperliche Altern und seine Begleiterscheinungen, chronische Krankheiten und Tod keine Übel mehr? Und ab welcher Lebensspanne wäre das längere Leben kein Gewinn mehr? Oder anders gewendet: Weshalb soll körperliches Altern in der jetzigen Form zu den Bedingungen eines guten Lebens gehören?

Antworten auf diese Fragen erfordern, dass man Bedeutungen und Wertungen des Alterns untersucht, die kulturell tief in Mythen verwurzelt sind. Im Mittelpunkt dieser immer noch einflussreichen Vorstellungen stehen unterschiedliche negative und positive Wertungen des Alterns und der begrenzten Lebenszeit. Sich dazu einen Überblick zu verschaffen, trägt zu einem neu zu gewinnendem Verständnis des Alters bei, das sich davon abgrenzen kann. Kulturelle Traditionen, die das Altern in der jetzigen Form verteidigen und eine längere Lebenszeit ablehnen, kann man als »Apologismus« bezeichnen. Letztlich geht eine Position wie diejenige Emanuels auf solche kulturell tief verwurzelten Vorstellungen des Apologismus zurück. Es geht darum, diese Überzeugungen zu hinterfragen und zu sehen, ob sie uns immer noch etwas sagen können oder ob sie irreführend sind, wenn wir die Zukunft des Alter(n)s neugestalten wollen.

4

Apologismus in Mythen

4.1 Apologismus und Prolongevitismus – Gegen und für die Lebensverlängerung

Apologismus ist eine kulturelle Tradition, nach der die Lebensverlängerung weder möglich noch erstrebenswert ist

✓ Apologismus ist in Mythen geschichtlich tief verwurzelt.
✓ Er wirkt bis in die Gegenwart in unterschiedlichen religiösen und philosophischen Positionen.

4 Apologismus in Mythen

Der Begriff »Apologismus« stammt vom amerikanischen Historiker Gerald Gruman, der bereits 1966 eine einschlägige Übersicht der Ideen zur Lebensverlängerung bis 1800 verfasst hat (Gruman, 1966). Apologismus (von »Apologie«, dt. »Verteidigung«) meint hier, körperliches Altern und Sterblichkeit als notwendige und gute Eigenschaften der menschlichen Existenz zu verteidigen. Nach wie vor aktuell ist Grumans Motivation, sich mit der Geschichte von Apologismus und der Gegenposition »Prolongevitismus« zu beschäftigen, die eine moderate oder sogar radikale Lebensverlängerung befürwortet und nach entsprechenden Methoden sucht. Gruman konstatiert, wie der demographische Wandel die Gesellschaft verändert und herausfordert. Entscheidend sei es daher, für eine bessere Gesundheit im Alter zu sorgen. Er sieht dabei schon 1966 eine wesentliche Rolle für die biologische Alternsforschung vor. Allerdings erwartet er aus zwei Gründen Widerstände. Erstens nehme man diese Forschung in einer langen Abfolge von Scharlatanerie, Quacksalberei und falschen Versprechungen wahr. Tatsächlich setzten sich auch prominente Biogerontologen vor einigen Jahren energisch dagegen zur Wehr, dass aus ihrer Sicht die amerikanische Vereinigung der Anti-Ageing-Medizin sich auf unlautere Weise auf biogerontologische Forschungsergebnisse berufen hat (Olshansky, Hayflick & Carnes, 2002). Zweitens verweist Gruman auf lange, wirkmächtige Traditionen des Apologismus, der argumentiert, dass es weder möglich noch erstrebenswert sei, das menschliche Leben zu verlängern und das Altern zu verhindern. Der Apologismus bringt Gründe vor, weshalb körperliches Altern gerade wegen seiner negativen Seiten für ein erfülltes menschliches Leben notwendig sei, und warum gleichzeitig ein längeres Leben keinen Gewinn darstellen würde.

Umfassende religiöse, philosophische oder wissenschaftliche Überzeugungssysteme wollen den Sinn des menschlichen Lebens in der Welt erklären. Sie müssen dabei nach Gruman vor allem »harsche Wirklichkeiten« (Gruman, 1966, S. 10) einbeziehen und rechtfertigen. Solche Rechtfertigungen sind fester und zentraler Bestandteil vieler einflussreicher religiöser und philosophischer Weltanschauungen. Daher müssen diejenigen mit entsprechend starken Widerständen rechnen, die befürworten, dass Altern angehalten und das menschliche Leben verlängert werden sollte. Denn fest verankerte Überzeugungen besagen, dass körperliches Altern und Sterblichkeit bzw. eine auf die jetzige durchschnittliche Lebenserwartung begrenzte Lebenszeit, auch als »natürliche Lebensspanne« bezeichnet, notwendig für ein sinnerfülltes Leben für einzelne Menschen und die Menschheit als Ganzes sind. Vielleicht geht es dabei vielen wie dem Fuchs in der Fabel, der die zu hoch hängenden Trauben am Ende für sauer hält. John Davis nennt das in seinem Buch zur Ethik der Lebensverlängerung »adaptive Präferenzen« (Davis, 2018). Also Wünsche, die daran angepasst werden, was möglich ist oder was man für möglich hält. Apologetische Sichtweisen helfen bei dieser Anpassung. Wir müssen uns also ansehen, wie tragfähig die Argumente sind, mit welchen Vorstellungen sie verknüpft sind und inwieweit entsprechende Einwände gegenwärtige Bestrebungen treffen. Es versteht sich: Solange körperliches Altern und eine »natürliche« Lebensspanne unvermeidlich sind, sind Strategien sinnvoll, mit deren Hilfe man sie als unveränderliche Realitäten des menschlichen Lebens akzeptieren kann. Mythen und Literatur veranschaulichen darüber hinaus das längere Leben und warum es nicht erstrebenswert sein könnte. Mehr noch: die entsprechenden Bestrebungen danach lassen sich nicht nur als unklug, sondern als verwerflich bewerten. An den einzelnen Vorstellungen und Argumenten zeigt sich, wie lange die Vorgeschichte mancher gegenwärtiger Ideen zurückreicht.

4.2 Ein langes Leben ist kein gutes Leben

Apologetische Mythen enthalten abschreckende Beispiele, was mit Menschen passiert, die nach einem langen Leben streben.

✓ Negative Beispiele in Mythen sollen die negativen Folgen veranschaulichen, die entstehen, wenn man nach einem längeren Leben oder sogar Unsterblichkeit strebt.

4 Apologismus in Mythen

> ✓ Man kann drei Grundformen solcher Mythen anhand der Grundfiguren und ihrer Geschichte unterscheiden: Gilgamesch, Tithonus und König des Waldes.

Der Apologismus nach Gruman schließt religiöse und metaphysische Erklärungen ein, weshalb Alter und Tod als notwendige Bestandteile des menschlichen Lebens entstanden sind. Die biblische Erzählung des Sündenfalls und der anschließenden Vertreibung aus dem Paradies ist ein Beispiel für eine religiöse Erklärung. Aristoteles Unterteilung des Kosmos in einen irdischen, sublunaren und einen himmlischen, translunaren Teil ist ein metaphysisches Beispiel. Im Gegensatz zu den unveränderlichen und ewigen himmlischen Objekten existiert alles im sublunaren Teil des Kosmos zeitlich begrenzt und auf vergängliche Weise. Andere Mythen und literarische Erzählungen verdeutlichen anhand abschreckender Beispiele, warum das menschliche Streben nach physischer Unsterblichkeit scheitern muss. Interessant sind diese Texte, weil sie Vorstellungen enthalten, die auch in Argumenten der gegenwärtigen ethischen und gesellschaftlichen Diskussion der Lebensverlängerung vorkommen.

Bei Gruman finden sich zwei Grundmodelle, wie das Streben nach Unsterblichkeit individuell scheitern kann. Das erste Grundmodell liegt im babylonischen Gilgamesch-Epos vor, das zweite im Tithonus-Mythos der griechischen Antike. Gruman übersieht erstaunlicherweise einen dritten Grundtyp des Mythos, obwohl er in einem anderen Zusammenhang den Autor James Frazer zitiert, der diesen Typus bekannt gemacht hat. Das berühmte Monumentalwerk – die dritte Auflage umfasst 12 Bände - *Der goldene Zweig* des schottischen Anthropologen James Frazer zeigt anhand der Figur des »Königs des Waldes« auf, wie verbreitet derartige Vorstellungen über zahlreiche Kulturen hinweg sind (Frazer, 2018). Der Raub der Fruchtbarkeitsgöttin Persephone durch den Unterweltgott Hades versinnbildlicht, was der verhinderte Generationswechsel bedeuten kann. Der Frühling und die Fruchtbarkeit kehren erst wieder, nachdem Hades die Fruchtbarkeitsgöttin wieder freilässt. Da sie jedoch bei ihrem Aufenthalt in der Unterwelt von einem Apfel gegessen hat, muss sie einmal im Jahr dorthin zurückkehren. Der Kreislauf des Lebens hält an und die Natur stirbt ab. Denselben Effekt hätte es, wenn der Generationswechsel von alternden Priestern und Königen ausbleibt, die den Kreislauf der Natur beeinflussen können.

Gilgamesch steht für Egoismus und Hybris der Lebensverlängerung, Tithonus für eine Lebensverlängerung um den Preis einer immer weiter fortschreitenden Gebrechlichkeit. Der König des Walds symbolisiert die Notwendigkeit des Generationswechsels im Lauf der Natur, um Vitalität und Fruchtbarkeit zu erhalten. Variationen dieser drei Mythen in Literatur, Kunst und Film spielen auch heute noch häufig eine Rolle, wenn eine Verlängerung der Lebensspanne abgelehnt wird.

Tab. 4.1: Apologetische Mythen, die vor einer Lebensverlängerung warnen

Grundtyp des Mythos	Kernaussage
Gilgamesch	Das Streben nach Lebensverlängerung geschieht auf Kosten Anderer und scheitert an menschlicher Schwäche. Aus Hybris strebt der Mensch nach göttlichen Eigenschaften.
Tithonus	Die Unsterblichkeit ist ein endlos ausgedehnter Verfallsprozess.
Der König des Waldes	Der Generationswechsel ist für den Erhalt der Vitalität der menschlichen Gemeinschaft ebenso notwendig wie der Wechsel der Jahreszeiten für die Fruchtbarkeit der Natur.

Gilgamesch

Das Gilgamesch-Epos ist in mehreren babylonischen Tafeln überliefert, die zunächst seine Verdienste hervorheben, dass er die Stadt Uruk befestigt und den angemessenen Opferkult für die Götter wieder eingeführt habe (Maul, 2005). Er stammt teilweise von Göttern ab. Zu

4 Apologismus in Mythen

Beginn seiner Herrschaft denkt er wenig an seine Untertanen und verbringt seine Zeit mit unterschiedlichen Vergnügungen. Als sein enger Freund und Gegenpart Enkidu stirbt, trauert er tief um den schmerzlichen Verlust. Seine eigene Sterblichkeit tritt scharf in sein Bewusstsein und quält ihn. Er verlässt Uruk, um den einzigen unsterblichen Menschen zu suchen, Uta-Napischti, den babylonischen Noah. Seine göttliche Herkunft ermöglicht es Gilgamesch, in überirdische Regionen vorzudringen, die sonst Menschen verschlossen sind. Es gelingt ihm Uta-Napischti zu finden. Dieser hält ihm jedoch seine Selbstsucht vor. Anstatt sich um den Schutz seiner Untertanen und die Verehrung der Götter zu kümmern, gebe er sich seiner Trauer hin. Der Mensch sei nicht für die Unsterblichkeit geschaffen. Die eigene Unsterblichkeit Uta-Napischtis geht auf die Sintflut zurück, vor der ihn der Gott der Weisheit Ea in einem Traum gewarnt hat. Indem Uta-Napischti überlebt, wird jedoch die Autorität des Gottkönigs Enlil untergraben, da dieser alle Menschen vernichten wollte. Die Göttinnen und Götter bereuen jedoch wegen ausbleibender Verehrung die Vernichtung der Menschen, so dass durch Opfergaben Uta-Napischtis ihre Versöhnung mit den Menschen beginnen kann. Er selbst wird unsterblich gemacht und hört damit auf, ein Mensch zu sein. Die Autorität Enlils wird so wiederhergestellt, denn der einzige überlebende Mensch wird nicht mehr zur Menschheit gezählt. Gilgameschs egoistischer Wunsch nach Unsterblichkeit kann hier kein Gehör finden. Durch den Rat von Uta-Napischti findet Gilgamesch immerhin eine Pflanze, die ihn, wenn nicht unsterblich machen, so doch verjüngen könnte. Auf dem Weg zurück nach Uruk übermannt ihn aber erschöpft der Schlaf. Während er schläft, frisst eine Schlange die verjüngende Pflanze und kann sich fortan häuten. Die menschliche Schwäche, an der Gilgamesch Anteil hat, bringt ihn ebenfalls um die mögliche Verjüngung. Er lässt endgültig vom selbstsüchtigen Streben nach Unsterblichkeit ab und kommt seinen Pflichten gegenüber Untertanen und Gottheiten nach. Wegen seines göttlichen Anteils wird er nach seinem Tod zu einem Fürsten der Unterwelt.

Worin liegt die Aktualität des Gilgamesch-Epos begründet? Selbst beim Halbgott Gilgamesch ist die menschliche Natur zu schwach für ein ewiges Leben. Derjenige, der danach strebt, verliert den Antrieb, den Tätigkeiten nachzugehen, die für ein erfülltes menschliches Leben maßgeblich sind. Bei seiner Suche geht er zahlreiche Risiken ein und versucht sein Ziel mit Gewalt zu erreichen. Sein Streben nach Unsterblichkeit geschieht auf Kosten anderer. Dabei verlässt er die menschliche Gemeinschaft und verletzt seine Pflichten ihr gegenüber. Erst nachdem Gilgamesch aufgibt, unsterblich sein zu wollen, kehrt er in die menschliche Gemeinschaft zurück und nimmt dort seinen Platz ein. Seinen Tod überdauert er durch das Epos. Variationen dieser Motive finden sich in zahlreichen anderen Erzählungen. Dazu gehören zwei der erfolgreichsten Werke der fantastischen Literatur, der Herr der Ringe und Harry Potter. Beide Romane handeln von bösen Mächten oder Protagonisten des Bösen, die entweder selbst nach Unsterblichkeit streben oder aber andere Handlungsfiguren mit der Aussicht auf ein ewiges Leben verführen. Die zum ersten Mal formulierte Kernbotschaft des Gilgamesch-Epos wertet das menschliche Streben nach Lebensverlängerung und Verjüngung als unmoralisch, selbstsüchtig und als Ausdruck menschlicher Hybris, die sich zur Göttlichkeit aufschwingen will.

Tithonus

Der zweite wirkmächtige Mythos des Apologismus stammt aus der griechischen Mythologie. Tithonus ist der Geliebte von Eos, der Göttin der Morgenröte. Sie bittet Zeus um Unsterblichkeit für ihren Geliebten und die Bitte wird erfüllt. Allerdings vergisst sie, gleichzeitig um ewige Jugend zu bitten. Infolgedessen unterliegt Tithonus einem immer weiter fortschreitenden Alterungsprozess. Eos verwandelt ihn schließlich in eine Grille. In einer anderen Version des Mythos sperrt die Göttin ihn schlicht dauerhaft weg, um seinen Anblick nicht ertragen zu müssen. Der Tithonus-Mythos warnt davor, dass der Wunsch nach Unsterblichkeit nur die Lebensphase des gebrechlichen Alters endlos ausdehnen könnte. Er mahnt, die begrenzte Lebenszeit zu akzeptieren, anstatt sich auf das unbekannte Terrain der Lebensverlängerung zu begeben, wo nur Unheil wartet.

Eine moderne und aufschlussreiche Fassung dieses Mythos findet sich in Jonathan Swifts *Gullivers Reisen* wieder. Gullivers Reisen, häufig gekürzt als Kinderbuch veröffentlicht, stellt als anspruchsvolle Satire zeitgenössische und allgemeine menschliche Schwächen bloß. Swift nutzt den Kunstgriff von utopischen Romanen, die fiktive Lebensweise in entfernten Weltgegenden mit der eigenen Gesellschaft zu kontrastieren. Auf diese Weise treten deren Mängel umso deutlicher hervor. Im Land Luggnagg berichten ihm Einheimische von Unsterblichen, den Struldbrugs, die als Laune der Natur hin und wieder geboren werden. Diese trügen ein Mal auf der Stirn, durch das sie zu erkennen seien. Gulliver stellt erstaunt fest, dass sich unter seinen Gesprächspartnern, alles herausragende Bürger ihres Lands, keine Struldbrugs befinden. Er schwärmt über die Vorteile der Unsterblichkeit, da er sich schon länger Gedanken darüber gemacht habe, was er mit so einem Leben anfangen würde. Zunächst einmal würde er sich mit Zeit und Erfahrung einen beruhigenden Reichtum erwerben. Materiell abgesichert würde er ein neues Niveau von Bildung und Gelehrsamkeit erreichen, das er großzügig den Sterblichen als Mentor zur Verfügung stellen würde. Schließlich würde er gleichgesinnte, ausgewählte Unsterbliche um sich scharen, vielleicht auch solche, die weniger begütert sind, um deren Gesellschaft zu genießen. Seine weisen, historischen Beobachtungen könnten der Gesellschaft über einen langen Zeitraum dienen, um wichtige Ereignisse und Personen in Erinnerung zu behalten. Seine Erfahrung würde ihn in die Lage versetzen, den sterblichen Mitbürgern entscheidende Ratschläge für ein besseres Leben zu erteilen. Darin klingen auch spätere und gegenwärtige Hoffnungen auf die Vorteile des längeren Lebens an. Die Luggnagger reagieren auf diese – aus ihrer Sicht - naive Lobrede der Unsterblichkeit mit milder Nachsicht. Sie sind bereits gewohnt, dass Fremde die Unsterblichen falsch einschätzen, mit denen sie keinen Umgang hatten.

Einer seiner Gastgeber belehrt Gulliver, wie es sich tatsächlich mit den Struldbrugs verhält. Niemand könne davon ausgehen, dass ein

4.2 Ein langes Leben ist kein gutes Leben

unendlich in die Länge gezogenes Leben gleichzeitig vital sei. Krankheiten, die die Struldbrugs einmal gehabt hätten, würden sich in abgeschwächter Form endlos hinziehen und auch ihre geistigen Fähigkeiten und ihr Gedächtnis nähmen mit der Zeit ab. Sobald sich ein Struldbrug dieser Zukunftsaussicht auf ein endlos verlängertes Alter bewusst werde, verfalle er in Schwermut. Ab 80 Jahren machten sich zahlreiche andere schlechte Charaktereigenschaften mehr und mehr bemerkbar. Die Struldbrugs würden eigensinnig, griesgrämig und neidisch auf die Jüngeren und diejenigen, die sterben können. Geiz und Frustration aufgrund unerfüllter Leidenschaften würden sie beherrschen. Da sie nicht in der Lage seien, sich veränderten Sitten und neuen sprachlichen Ausdrucksformen anzupassen, würden sie im Laufe ihrer andauernden trostlosen Existenz immer einsamer und isolierter. Aufgrund der besonderen Lebensumstände der Struldbrugs habe der Staat einige besondere gesetzlichen Vorschriften eingeführt. Ehen unter Struldbrugs würden aufgelöst, sobald sie die Grenze der 80 Jahre erreicht hätten. Ab diesem Alter würde ihnen auch ihr Vermögen entzogen. Im Gegenzug würden sie mit dem Notwendigsten versorgt. Gulliver, dessen anfängliche Begeisterung für die Unsterblichen schnell ins Gegenteil umschlägt, findet für diese Regelung nur lobende Worte. Denn Geiz sei die notwendige Folge des Alters. Würde man den Struldbrugs Vermögen überlassen, so bestünde die Gefahr, dass sie sich den gesamten Reichtum des Landes aneignen würden. Später, so berichtet Gulliver, sei er während seines Aufenthalts noch persönlich Struldbrugs begegnet. Sie hätten ihm den widerlichsten Anblick geboten, dem er jemals ausgesetzt gewesen sei.

Warum setzt Jonathan Swift sich zu Beginn des 18. Jahrhunderts mit der Idee auseinander, dass Menschen eine unsterbliche irdische Existenz führen könnten? Gulliver bedauert, dass er nicht in der Lage sei, einige Struldbrugs mit nach England zurückzunehmen. Ihr Anblick sei das beste Mittel gegen Todesfurcht, da jeder Tod besser sei als diese Art der Existenz. Die Struldbrugs sind also ein anschauliches Beispiel für die apologetische Argumentation, dass der Tod nicht zu fürchten und für die menschliche Existenz wünschenswert sei. Gleichzeitig ist die Vorstellung eines unsterblichen irdischen

4 Apologismus in Mythen

Lebens dennoch naheliegend und menschlich. So könnte man jedenfalls Gullivers Aussage interpretieren, er habe sich schon zuvor damit beschäftigt, wie es wäre, wenn er unsterblich wäre, in der Art wie er sich vorgestellt hat, wie es wäre, wenn er König sein könnte. Wie wir später sehen werden, kursieren zu Lebzeiten von Jonathan Swift auch in der Philosophie der Aufklärung erste Ideen von einer Lebensverlängerung durch Wissenschaft und Medizin. Die Schilderung der Struldbrugs ist zudem ein kleines Kompendium altersfeindlicher Stereotype. Das Alter nach Swift, das sie verkörpern, zeichnet sich durch einen umfassenden Verlust von Eigenschaften aus, die ein menschliches Leben sinnvoll und glücklich machen können. Den Struldbrugs fehlen Gesundheit, Intelligenz, ein guter Charakter, Schönheit und Zufriedenheit. Gute Eigenschaften sucht man vergebens. Zusätzlich erschweren die von Gulliver begrüßten altersfeindlichen staatlichen Maßnahmen das Schicksal der Struldbrugs noch erheblich. Ein Zusammenhang von negativen Altersbildern und altersfeindlichen Maßnahmen runden Swifts abschreckendes Bild der Lebensverlängerung ab.

Auch die französische Philosophin und Schriftstellerin Simone de Beauvoir, die eines der wenigen umfassenden philosophischen Werke zum Alter verfasst hat, warnt in ihrem Roman *Alle Menschen sind sterblich* vor irdischer Unsterblichkeit. Die Hauptfigur Raymond Fosca ist ein italienischer Adliger, der im 13. Jahrhundert durch einen Trank unsterblich wird. Der Roman selbst spielt im 20. Jahrhundert zum Zeitpunkt, als es einer jungen Schauspielerin kurz gelingt, Foscas Interesse zu wecken und er ihr daraufhin seine Geschichte erzählt. Anders als die Struldbrugs altert Fosca nicht immer weiter körperlich. Seine physische Gesundheit ist perfekt. Aber er hat jeden Antrieb zur Tätigkeit verloren, nachdem er nacheinander nach Macht, Entdeckungen und Wissen gestrebt hat. Das wiederkehrende Scheitern menschlicher Bemühungen und seiner Beziehungen zu Frauen lässt ihn mehr und mehr resigniert und isoliert zurück. Seiner Gesprächspartnerin wird klar, dass er auch an ihr kein wirkliches Interesse hat. Sie überlässt ihn schließlich sich selbst. De Beauvoir will so veranschaulichen, dass Menschen auch bei körperlicher Gesundheit nicht

4.2 Ein langes Leben ist kein gutes Leben

von einem unendlich langen Leben profitieren würden, da sie psychisch nicht dafür geeignet sind. Ein solches Leben führt zu Langeweile, Antriebslosigkeit und Verzweiflung. Motive, die ebenfalls in der zeitgenössischen Diskussion um die Lebensverlängerung eine wichtige Rolle spielen, wie wir sehen werden.

Der König des Waldes

Gegner der Lebensverlängerung warnen häufig vor einer Gesellschaft ohne Innovationskraft, Produktivität und Erneuerung. Diese Denkweise geht ebenfalls auf eine mythische Schicht in der kulturellen Tradition des Apologismus zurück. Umfangreiche Belege dafür liefert James Frazers *Der goldene Zweig* (*The Golden Bough*). Zuerst 1890 in einem Band veröffentlicht, der sich an ein breiteres Publikum richtete, wuchs das Werk bis 1936 auf dreizehn Bände an. Frazers Werk ist ein Klassiker des Kultur- und Religionsvergleichs, der die Vorstellungen von Mythen und Religion in der Moderne entscheidend mitgeprägt hat. Frazer geht es dabei nicht nur darum, einzelne Mythen, religiöse Praktiken und Vorstellungen zu vergleichen. Er möchte gleichzeitig grundlegende Strukturen des menschlichen Denkens und Bewusstseins ergründen. Frazer liefert zahlreiche Beispiele für die apologetische Argumentation, dass der Tod einzelner Menschen für die Gesellschaft gut sein soll oder sogar notwendig ist, insofern er einen Wechsel der Generationen herbeiführt. Auf diese Weise werden in den Vorstellungen vieler Mythen die Erneuerung und Fruchtbarkeit der Natur im Wechsel der Jahreszeiten gewahrt oder gefördert.

Der Anlass für Frazers Werk ist ein Diana-Tempel mit einem besonderen Kultus in Nemi bei Rom. Berichte darüber sind in verschiedenen lateinischen Klassikern überliefert, unter anderem vom Philosophen Pausanias. Er erläutert, dass dieser Kult auf eine lange Tradition zurückblicke und auch noch zu seiner Zeit – um 200 n. Chr. - fortbestünde. Für Frazer ist dieser Umstand erstaunlich, denn diese Form der Diana-Verehrung mutet aus seiner Sicht im römischen

4 Apologismus in Mythen

Kaiserreich des 2. Jahrhunderts nach Christus anachronistisch und archaisch an. Das archaische Element verkörpert ein Priesterkönig, der über das Heiligtum im Tempel wacht. Dieser »König des Waldes von Nemi« hat sein Amt erworben, indem er seinen Vorgänger in einem Zweikampf getötet hat. Er selbst muss jederzeit bereit sein, sich gegen den nächsten Anwärter zu verteidigen. Jeder Sklave hat das Recht dazu, den König des Waldes zu einem tödlichen Zweikampf herauszufordern, nachdem er einen goldenen Zweig – daher der Titel des Buchs – von einem bestimmten Baum abgebrochen hat. Frazer geht der Bedeutung der einzelnen Elemente des Kults in einer akribischen Spurensuche nach, bei der er kulturübergreifende Bedeutungsmuster herausarbeitet.

Frazer interpretiert die Diana-Verehrung als Fruchtbarkeitskult. Menschen aller Zeiten und Kulturen hätten zwei elementare, vitale Interessen, die Grundlage der eigenen Ernährung zu erhalten und an den Nachkommen, die notwendig sind, damit die eigene Gemeinschaft fortbesteht. Der unsichere Lauf der Welt gefährdet die Fruchtbarkeit der Natur und die eigene Fortpflanzung. Besonders bedeutsam ist der Wechsel der Jahreszeiten, in dessen Abfolge die Natur abstirbt. Menschen versuchen nach Frazer seit Urzeiten mit Magie diese Vorgänge zu ihren Gunsten zu beeinflussen. Magisches Denken beruht nach Frazer auf zwei magischen Gesetzen: Ähnlichkeit und Berührung. Menschen mit besonderen Fähigkeiten, wie Priester und Könige, sollen in der Lage sein, die Natur und das Weltgeschehen zu verändern, indem sie diese Gesetze nutzen. Das Gesetz der Ähnlichkeit etwa dadurch, dass ein gewünschter Effekt durch ein ähnliches Verhalten nachgeahmt wird, wie etwa Regen bei einem Regenzauber. Das Gesetz der Berührung kann ein Magier beispielsweise nutzen, insofern eine Person dasselbe erleidet wie ein Gegenstand, mit dem sie in Kontakt war (Frazer, 2018, S. 26). Allerdings wendet sich möglicherweise der Lauf der Natur zum schlechteren, wenn die Kräfte der besonderen Menschen altersbedingt nachlassen. Daher müssen sie rechtzeitig durch vitale Nachfolger ersetzt werden, notfalls durch Gewalt. Auch diese mythischen Motive wirken noch in literarischen und filmischen Werken der Gegenwart fort. Ein Beispiel ist der

Science-Fiction Film Zardoz von 1974. Hier kontrolliert eine dekadent gewordene Zivilisation von mehr und mehr apathischen Unsterblichen den Rest der Menschheit. Die sterile und erstarrte Gesellschaft der unsterblichen Menschen zerstört sich schließlich selbst und die Überlebenden kehren zurück zum natürlichen Wechsel von Geburt, Fortpflanzung und Tod.

Die apologetischen Mythen in der Gegenwart

Die Grundformen der apologetischen Mythen veranschaulichen Gründe für eine intuitive Ablehnung der Lebensverlängerung. Diese Intuitionen und Gründe wirken weiter fort. Erneut können wir Emanuels Plädoyer für eine begrenzte Lebensspanne als Beispiel heranziehen. Alle drei Formen kommen darin vor. Emanuel kritisiert die amerikanischen Unsterblichen, die sich egoistisch und für die Gemeinschaft schädlich verhielten (Gilgamesch). Er glaubt, letztlich ginge es um eine Lebensverlängerung um jeden Preis, die dazu führen wird, dass auch und gerade die letzte Lebensphase der Gebrechlichkeit verlängert werde (Tithonus). Durch einen verzögerten Generationswechsel droht gesellschaftlicher Stillstand und nachlassende Innovationskraft (König des Waldes). Die Herkunft von Denkmustern aus Mythen sagt nichts darüber aus, ob sie noch Gültigkeit beanspruchen können oder nicht. Für manche mag in ihnen eine uralte Weisheit verkörpert sein, von der wir immer noch lernen können. Für andere sind es überkommene »Vorurteile des Stammes«, gegen die die Aufklärung seit jeher angekämpft hat. In jedem Fall sorgt ihr Alter, ihre Verbreitung und ihre fortdauernde Wirkung in Fiktionen der Gegenwart für eine suggestive Kraft dieser Mythen. Wir sollten Mythen wie aktuelle Fiktionen daher distanziert zur Kenntnis nehmen und sie im Hinblick auf ihren sachlichen argumentativen Gehalt prüfen. Dabei fällt zunächst auf, dass die abgeleiteten Bedenken die gegenwärtigen wissenschaftlichen Bestrebungen nicht unbedingt treffen.

Denn diese Bedenken widersprechen expliziten Zielen und grundlegenden Annahmen der biogerontologischen Lebensverlängerung.

4 Apologismus in Mythen

Die Langlebigkeitsdividende fällt dann an, wenn nicht nur einige egoistisch nach einem längeren Leben streben, sondern auf gesellschaftlicher Ebene, wenn viele gesünder altern. Angestrebt – und im Laborversuch auch erreicht – wird eine Morbiditätskompression, keine Lebensverlängerung um jeden Preis, einschließlich derjenigen einer Morbiditätsexpansion. Anders als Tithonus suggeriert, verlaufen chronische Erkrankungen wie etwa neurodegenerative Erkrankungen tödlich und sind nicht beliebig in die Länge zu ziehen, vorausgesetzt, dass das tatsächlich jemand wollte. Die besondere Tragik mythischer oder literarischer Figuren wie Tithonus, der Struldbrugs und dem Grafen von Fonseca liegt darin, dass sie unsterblich sind. Sie können ihre quälende Existenz nicht beenden. »Unsterblichkeit« wird nicht das Resultat verlangsamten Alterns sein. Auch nicht oder langsam alternde Körper werden verletzlich gegenüber Unfällen und Krankheiten sein. Was die entsprechenden Therapien am Körper verändern, lässt sich wieder rückgängig machen, teilweise schlicht dadurch, dass sie abgesetzt werden. Ebenso falsch ist die Vorstellung, dass es keinen Generationswechsel mehr geben wird. Dieser wird sich nur verlangsamen und es werden mehr Generationen gleichzeitig miteinander leben als bisher.

Beachtenswert sind die apologetischen Mythen auch deswegen, weil sie Anschauungen und Altersstereotype enthalten, die uns vertraut sind. Gerade darin liegt ein weiterer Grund, sie kritisch zu betrachten. Bevor wir aber den Gehalt apologetischer Vorstellungen weiter prüfen, die mit diesen mythischen Figuren verknüpft sind, wollen wir einen Blick auf die Philosophie werfen. Wie ist das Altern in der Philosophie behandelt worden, vor allem im Hinblick auf den Gegensatz von Apologismus und Prolongevitismus? Und was können wir von Philosophen zum Sinn des körperlichen Alterns und zur begrenzten Lebenszeit lernen, wenn es um die Zukunft des Alters geht? Mit Hilfe der Antworten auf diese Fragen können wir uns in der Debatte einen strukturierten Überblick verschaffen. Es geht dabei um grundlegende Themen der philosophischen Theorie des guten Lebens.

5

Alter(n) in der philosophischen Tradition

5.1 Die Frage nach dem guten Leben

Das Alter in der Philosophie

✓ Nur wenige philosophische Texte beschäftigen sich mit dem Alter(n).
✓ Unter dem Eindruck des demographischen Wandels nimmt auch in der Philosophie gegenwärtig das Interesse am Thema zu.
✓ Die Philosophie beschäftigt sich mit dem Alter(n) häufig im Zusammenhang mit der Frage nach dem guten Leben.

5 Alter(n) in der philosophischen Tradition

Das Thema des Alterns und der Lebensphase Alter hat die philosophische Tradition kaum beachtet. Man findet nur zwei Monografien über das Alter von bekannteren Philosophen – von Cicero in der Antike und von Simone de Beauvoir in der Gegenwart. Ciceros Werk – *de Senectute* – ist immer noch in Philosophie wie in Gerontologie einflussreich und breit rezipiert (Wahl et al., 2022). Cicero werden wir in der Folge noch genauer kennenlernen. Simone de Beauvoirs Buch ist ein detailreiches Kompendium des zeitgenössischen Wissens zum Alter. Es fehlt allerdings eine philosophische Fragestellung, die die einzelnen Teile des Buchs strukturiert und verbindet. De Beauvoir hebt gesellschaftliche Ungleichheit hervor und ihre Auswirkungen auf unterschiedliche Erfahrungen des Alter(n)s. Insbesondere zwingt diese Lage sozial benachteiligte Ältere zur Isolation und Untätigkeit. Für die französische Autorin ist das Alter vor allem eine negative, von Verlusten geprägte Erfahrung. Nur wer die entsprechenden materiellen Mittel hat, kann dem zumindest teilweise entgehen. Ziel wäre eine humane Gesellschaft, die eine solche, positivere Erfahrung des Alterns allen zugänglich macht (Beauvoir, 2008).

Neben diesen beiden philosophischen Monografien, die zeitlich weit auseinanderliegen, finden sich bei einigen Klassikern verstreute Bemerkungen, Charakterzeichnungen oder kürzere Essays zum Alter. Dazu gehören Aristoteles, Platon und Seneca als Vertreter der Antike. Montaigne, Schopenhauer, Ernst Bloch und der italienische Philosoph Noberto Bobbio können für die Neuzeit bis zur Gegenwart angeführt werden. Diese überschaubare Auswahl von Autoren machen einige Anthologien zugänglich, die philosophische Ratschläge und Alterslob, teils auch Altersklage oder -tadel, einem größeren Publikum erschließen möchten (Graf & Lübbe, 2010; Martens, 2011; Rentsch & Vollmann, 2012).

Der demographische Wandel führt gegenwärtig in der Philosophie wie in anderen Wissenschaften zu einem steigenden Interesse an der Lebensphase Alter und Alternsprozessen. Ein kürzlich erschienenes englischsprachiges Handbuch bietet einen Überblick über die einzelnen einschlägigen Themenbereiche und aktuelle Autoren, die zu Philosophie und Alter schreiben (Scarre, 2016). Dazu gehören die

Bedeutung und Erfahrung des Alter(n)s sowie Überlegungen zur Ethik. Des Weiteren beinhaltet es einen Ausblick auf die Zukunft des Alter(n)s, dem auch wir gemeinsam nachgehen wollen, also unter anderem ob und wie wir mit neuen medizinischen Möglichkeiten das Alter(n) neugestalten sollten. Eine wichtige Rolle nimmt dabei die Frage nach dem guten Leben ein.

Die antike Ethik beschäftigte sich zentral mit der Frage, wie ein gutes Leben gelingen kann. Also wie man menschliches Glück in einem erfüllten oder gelingenden Leben verstehen kann, und welche Bedingungen dafür gegeben sein müssen. Diese Frage trat in der Philosophie nach Kant, der glaubte, dass sich dafür keine allgemeingültige philosophische Antwort finden lasse, für längere Zeit in den Hintergrund. In der Gegenwart ist jedoch das Interesse daran neu erwacht (Steinfath, 1998) und von Otfried Höffe auf das Alter angewendet worden (Höffe, 2018). Sofern Alter(n) Thema der Philosophie ist, geht es gerade um die Frage nach dem guten Leben. Für uns ist dabei von besonderem Interesse, wie Philosophen über die Vorteile oder Nachteile des körperlichen Alterns und über die Länge des menschlichen Lebens nachgedacht haben. Wie wertet die philosophische Tradition das körperliche Altern und die begrenzte Lebenszeit des Menschen? Gehört beides zu den Bedingungen für ein gutes Leben, wie uns der Apologismus glauben machen möchte?

5.2 Wird der Charakter mit dem Alter besser oder schlechter? – Platon und Aristoteles

Platon und Aristoteles, Begründer der europäischen Philosophie, verfassten einflussreiche Texte zum Alter(n)

✓ Platon schreibt ein Alterslob: Die Vorzüge des Alters bestehen in Gelassenheit und innerer Ruhe.

5 Alter(n) in der philosophischen Tradition

✓ Aristoteles verfasst einen Alterstadel: Körperliche Veränderungen und schlechte Erfahrungen bedingen zahlreiche negative Charaktereigenschaften.
✓ Ein Grundthema zum guten Leben im Alter lautet bei beiden: Wie verläuft die Entwicklungskurve von Fähigkeiten im Lebenslauf?
✓ Das Grundmodell von Aristoteles sieht einen Anstieg bis zur Lebensmitte vor, dann einen Abstieg.
✓ Platon nimmt einen ähnlichen Verlauf bei vielen Fähigkeiten an, aber auch eine Wachstumsmöglichkeit geistiger Fähigkeiten bis zum Lebensende.

Die beiden herausragenden und einflussreichsten Philosophen der griechischen Antike, Platon und Aristoteles, werden häufig als gegensätzliche Denker dargestellt. Berühmt dafür ist das Fresko *Die Schule von Athen* (1510–1511) des Malers Raffaels. Die beiden Denker stehen in der Bildmitte in Gesellschaft zahlreicher anderer, die eine weniger zentrale Position zugewiesen bekommen. Platon zeigt zum Himmel, während Aristoteles auf den Betrachter und die Welt deutet. Auch zum Alter scheinen sie entgegengesetzte Positionen einzunehmen: Die Auseinandersetzung mit dem Alter nimmt die Form des Alterslobs bei Platon an. Aristoteles formuliert dagegen einen Alterstadel (vgl. auch Rapp, 2021).

Als Idealbild des Alters verstehen viele Kommentatoren die Figur des Kephalos im ersten Buch von Platons Hauptwerk *Der Staat* bzw. *Politeia* (Platon, 1988, S. 328–331 St.). In der Eingangsszene des Dialogs kehren Platons Hauptprotagonist Sokrates und sein Begleiter Glaukon von Feierlichkeiten im Hafen Piräus nach Athen zurück. Auf dem Weg folgen sie der Einladung von Polemarchos in das Anwesen seiner vermögenden Familie, wo eine bereits versammelte Gesellschaft sie erwartet. Das Gespräch setzt ein. Kephalos, der betagte Vater des Polemarchos, begrüßt sie höflich. Er beklagt, dass Sokrates sie viel zu selten besuche, um sie an seiner Weisheit teilhaben zu lassen. Sokrates entgegnet, dass er sich sehr gerne mit Hochbetagten unterhalte. Denn sie seien einen Weg vorausgegangen, der ihm und den anderen

5.2 Wird der Charakter mit dem Alter besser oder schlechter?

möglicherweise noch bevorstehe. Von den Älteren sei zu erfahren, wie dieser Weg beschaffen ist. Es geht also um den Austausch zwischen den Generationen, um von älteren Menschen mehr über die Erfahrung des Alters zu lernen. Kephalos und Sokrates unterhalten sich darüber, ob das Alter beschwerlich ist oder nicht. Kephalos räumt ein, dass viele seiner hochbetagten Altersgenossen bei ihren Zusammenkünften vor allem die Verluste von sinnlichen Vergnügungen beklagen würden. Zudem fühlten sie sich von ihren Verwandten geringgeschätzt und würden dem Alter zahlreiche Leiden zuschreiben. Er selbst sei jedoch in guter Gemütsverfassung und daher in einer besseren Lage. Die Altersklagen würden also von einer falschen Einstellung herrühren und nicht vom Alter selbst. Hierzu zitiert Kephalos den Dichter Sophokles, der einer Anekdote zufolge auf die Frage, ob er im Alter noch sexuell aktiv sei, antwortete, er sei froh, eine tyrannische Leidenschaft losgeworden zu sein. Für Kephalos bedeutet das Alter daher Freiheit und Gemütsruhe.

Sokrates gibt dem Gespräch nun eine philosophische und kritische Wendung. Er merkt zunächst an, ob nicht in den Augen der Mehrheit eher der Reichtum seines Gesprächspartners als seine Gemütsverfassung das Leben im Alter erleichtere. Kephalos räumt ein, die meisten würden das wohl denken, aber ohne die richtige Gemütsverfassung nütze auch Reichtum im Alter nichts. Sokrates hakt weiter nach. Was denn der größte Vorteil von Reichtum im Alter sei? Da das Jenseits näher rücke, so Kephalos, sei das die Möglichkeit, seinen Verpflichtungen vor dem Tod nachzukommen und niemandem etwas schuldig zu bleiben. Sokrates lenkt nun das Gespräch auf das Hauptthema der Politeia, die Gerechtigkeit. Ob diese denn immer darin bestünde, das zurückzugeben, was man schuldig sei. Wie es sich verhalte, wenn jemand im Wahn eine geliehene Waffe zurückfordere. Aber auf diese Diskussion lässt sich Kephalos nicht ein. Er entschuldigt sich damit, dass er religiösen Pflichten nachgehen müsse und nimmt am nachfolgenden philosophischen Gespräch nicht teil.

Dieser Rückzug lässt Kephalos weniger als das Idealbild des Alters erscheinen, als das ihn viele Kommentatoren sehen. Denn später im Dialog hält Sokrates fest, dass der Höhepunkt im menschlichen

Lebenslauf etwa bis 55 Jahren bei Männern anzusetzen sei – bei Frauen zwischen 20 und 40. Zu diesem Zeitpunkt im Leben falle bei Männern die geistige Reife mit einer noch hohen körperlichen Leistungsfähigkeit zusammen. Für politische Ämter mit hoher Verantwortung sei dies das beste Alter. Mit der Zeit solle man sich dann von solchen Ämtern in der Tat zurückziehen, um einen Generationswechsel einzuleiten. Insofern folgt Kephalos diesem späteren Vorbild. Bis ins hohe Alter und bis ans Lebensende, Gesundheit vorausgesetzt, sei es jedoch möglich, sich philosophisch weiterzubilden und geistig zu wachsen. Das eigentliche Alterslob Platons liegt also darin, dass die geistige Entwicklung eines Menschen mit dem Altern fortgeführt wird. Man muss sich allerdings darum bemühen. Kephalos kann man daher vielleicht passender als ein Beispiel für ein würdiges, konservatives Alter sehen, das jedoch mit philosophischer Beschäftigung vollendet werden müsste.

Aristoteles' Altersbild steht auf den ersten Blick dazu im scharfen Kontrast. Seine berühmte Charakterisierung einer älteren Zuhörerschaft in der Rhetorik (Aristoteles, 2007, S. II, 13) ist ein Alterstadel. Wer zu älteren Menschen spricht, muss sich demnach auf eine ganze Reihe schlechter Eigenschaften gefasst machen. Ältere sind demnach kleingeistig, ängstlich und geizig. Sie sind nicht mehr zu selbstloser Zuneigung fähig und wenn sie Mitleid zeigen, dann nur aus dem Bewusstsein der eigenen Schwäche heraus. Sie leben ausschließlich in der Vergangenheit, weil ihnen nicht mehr viel zukünftige Lebenszeit verbleibt. Die Gründe für diese vielen negativen Eigenschaften bestehen in einer Mischung aus körperlichem Altern, negativen Erfahrungen im Leben und der begrenzten Lebenszeit. Aristoteles sieht im Rahmen der antiken Vier-Säfte-Lehre die Ursache des körperlichen Alterns darin, dass der alternde Körper zu kalt und zu trocken sei. Er ist daher anfällig für bestimmte Erkrankungen und die körperlichen Leidenschaften sind gedämpft. Diese körperliche Schwäche verschärfen Enttäuschungen, da nach Aristoteles die Mehrheit der menschlichen Unternehmungen misslingen würde. Dieser Umstand erklärt die Vorsicht, den Egoismus und den Geiz Älterer. Schließlich sorgt die begrenzte und kurze verbleibende Lebenszeit im

5.2 Wird der Charakter mit dem Alter besser oder schlechter?

Alter für den rückwärtsgewandten Blick und das überzogene Lob vergangener Zeiten.

In Aristoteles Sicht auf das Alter klingt seine Lehre von der Tugend als »richtige Mitte« an. Jede Tugend stellt danach ein richtiges Maß zwischen zwei Extremen dar, die entweder zu wenig oder zu viel der entsprechenden Qualität vorweisen. So befindet sich Tapferkeit zwischen Feigheit und Tollkühnheit. Wo genau das richtige Maß liegt, bemisst sich nicht nach mathematischer Genauigkeit, sondern an Vorbildern, die ein entsprechendes Beispiel geben, das allgemein anerkannt wird. Auf vergleichbare Weise liegt nun das mittlere Alter zwischen der Jugend und dem hohen Alter, die in vielerlei Hinsichten zu viel oder zu wenig an wünschenswerten Qualitäten aufzeigen. Daher ist auch für Aristoteles die mittlere Lebensphase der Höhepunkt des Lebens, zu dem die Jugend aufsteigt und von dem das Alter absteigt.

In diesem Punkt unterscheiden sich die beiden Sichtweisen des Alters von Platon und Aristoteles weniger, als die Figur des Kephalos nahelegt. Denn diesem selbst legt Platon die Worte in den Mund, dass die Mehrheit der Älteren ihre Lage beklagt. Gerade um diese vorgestellte Mehrheit, die eine durchschnittliche Zuhörerschaft bildet, geht es Aristoteles in der Rhetorik, nicht um ein Ideal. Für beide griechischen Philosophen ist das Alter nicht der Höhepunkt des Lebens. Körperliche wie geistige Möglichkeiten lassen nach, und das gesellschaftliche Ansehen nimmt ab. Ein gelingendes und tugendhaftes Leben zu führen, wird aufgrund der körperlichen Schwächen (und der charakterlichen, die diese nach sich ziehen) schwieriger, je weiter das Alter fortschreitet. Jedenfalls gilt das für die Mehrheit, die Aristoteles in der Rhetorik im Blick hat. Aus seiner Lehre, dass man niemanden vor seinem Tod, und selbst noch danach nicht, wahrhaft glücklich nennen sollte, folgt jedoch, dass man ein gutes und gelingendes Leben einschließlich der letzten Lebensphase als Ganzes betrachten muss. Für Aristoteles wie für Platon ist es möglich, ein gutes Leben bis zum Lebensende zu führen, selbst wenn dies nur wenigen gelingen sollte. In jedem Fall ist das Alter für beide Philosophen körperlich, geistig, moralisch und gesellschaftlich zunächst einmal eine Verschlechterung und die begrenzte Lebenszeit eine Herausforderung, die es zu bewältigen gilt. Während Aristoteles nach seiner Methode, von den gängigen Ansichten auszugehen, die schon in der Antike vorhandenen Vorurteile gegen das Alter ausführt, geht Platon von der Möglichkeit eines kontinuierlichen Wachstums- und Reifeprozesses aus. Er zeigt einen Weg auf, wie mit dem Alter umzugehen sei. Einen solchen Weg schlägt ebenfalls Cicero vor.

5.3 Ciceros Verteidigung des Alters

Cicero verteidigt das Alter gegen vier gängige Einwände des Alterstadels. Die Vorzüge des Alters sind demnach die folgenden:

- ✓ Ältere sind zu großen Leistungen fähig, unter anderem, weil sie sich durch Gelassenheit und Erfahrung auszeichnen.
- ✓ Körperliche und geistige Kräfte lassen zwar nach, aber man kann dem so entgegenwirken, dass der Verlust nicht ins Gewicht fällt.
- ✓ Vermeintlich besondere Charakterfehler älterer Menschen sind in jeder Lebensphase vorhanden.
- ✓ Menschen sind dem Tod immer gleich nah. Die Begrenztheit des Lebens gibt ihm Struktur.

Cicero nimmt an, dass das Alter positiv gestaltet werden kann und dann zum Höhepunkt des Lebens wird.

Ciceros Dialog Cato *Der Ältere oder über das Alter* nennt die amerikanische Philosophin Martha Nussbaum – selbst eine berühmte Aristotelikerin der Gegenwart – das beste Werk, das je ein Philosoph zum Alter geschrieben hat (Nussbaum & Levmore, 2017, S. 27). Ciceros Einsichten seien immer noch gültig. Cicero geht davon aus, dass das Alter in vier verschiedenen Hinsichten für ein Übel gehalten wird. Auf diese Weise knüpft er an die bei Platon und Aristoteles genannten

5.3 Ciceros Verteidigung des Alters

Themen an. Erstens sei man im Alter nicht mehr zu größeren Leistungen fähig. Zweitens würden die körperlichen und auch die geistigen Kräfte nachlassen. Moralisch bringe es dadurch zahlreiche Charakterfehler wie Geiz oder Weinerlichkeit mit sich, was zu seiner gesellschaftlichen Geringschätzung führe. Das Alter beraube drittens Menschen ihrer verschiedenen Freuden. Schließlich erinnere viertens das Alter durch die Nähe zum Tod an das Übel der Begrenztheit des menschlichen Lebens (Cicero, 2001).

Cicero, als Verfasser des Textes selbst 62-jährig, lässt im Dialog den 80-jährigen Cato für das Alter eintreten. Cato, als Sprachrohr für Ciceros eigenen Standpunkt, widerlegt jeden der vorgeblichen Nachteile Punkt für Punkt. Er führt zum ersten Einwand gegen das Alter zahlreiche Beispiele aus Literatur, Philosophie und Politik dafür an, dass Ältere zu großen Leistungen fähig seien. Dazu gehören gerade diejenigen, die gleichzeitig eine herausragende Verantwortung und Stellung mit sich brächten, wie etwa diejenige eines Schiffskapitäns oder militärischen Anführers. Zu den Vorzügen des Alters gehöre eine größere Erfahrung und Gelassenheit. Wenn jüngere Staatsmänner ein Gemeinwesen häufig ruinierten, würden ältere es wiederaufbauen. Damit ist gleichzeitig auch festgehalten, dass Ältere zu großen Leistungen fähig sein können. Dadurch sind wiederum auch die Bedingungen für ihre gesellschaftlich wichtige Rolle und Anerkennung gegeben. Die körperlichen und geistigen Kräfte könnten, wie der zweite Einwand besagt, zwar nachlassen. Aber ein disziplinierter Lebensstil verhindere dabei Gebrechlichkeit und Vergesslichkeit. Das Gedächtnis bleibe erhalten, wenn es richtig trainiert werde. Man müsse das Alter »bekämpfen wie eine Krankheit«. Manche Charakterfehler, die älteren Menschen nachgesagt werden, wie eine Neigung zu Klagen, seien zu einem gewissen Maß durch körperliche Einschränkungen entschuldbar. Sie seien jedoch im Grunde nicht auf das Alter zurückzuführen. Man müsse ihnen in jedem Lebensalter dadurch entgegenwirken, dass man entsprechende Tugenden kultiviere. Wenn, wie der dritte Alterstadel besagt, das Bedürfnis nach manchen körperlichen Freuden oder die Kräfte dafür nachließen, dann sei das nicht zu bedauern. Denn Trink- oder Essgelage ebenso wie körperliche Leidenschaften würden gerade den Körper zerrütten und stünden der inneren Ruhe entgegen.

Das Alter bietet dagegen Möglichkeiten eines tieferen Glücks. Dazu gehören geistige Freuden, wie Bildung und Gelehrsamkeit in unterschiedlichen Bereichen, aber ebenso Landarbeit und die Freude daran, etwa ein Weingut anzulegen und das Wachstum der Pflanzen über das Jahr zu verfolgen. Cicero ist dabei kein grundsätzlicher Gegner von körperlichen Genüssen. Aber bei einem gemeinsamen Mahl tritt die Geselligkeit in den Vordergrund. Denn die geistigen oder anderen Freuden – Cicero nennt das Anlegen eines Gartens –, die anstelle körperlicher Leidenschaften treten können, seien wertvoller und tiefer. Zu Tod und Begrenztheit hält Cicero fest, dass alle Menschen dem Tod gleich nahe seien, da er sie in jedem Lebensalter ereilen könne. Die Begrenztheit des Lebens gebe ihm eine sinnhafte Struktur, wie diejenige eines Theaterstücks. Cicero geht ebenfalls darauf ein, dass der Tod und das Jenseits nicht zu fürchten seien. Schließlich sei der Tod im Alter sanfter. Bei einem sittlich guten Leben spiele dessen Länge keine Rolle.

Die Themen, die Cicero in seinem dichten Text von nur etwa 50 Seiten anspricht, sind immer noch von hoher Aktualität und wichtiger Bestandteil einer Philosophie des Alter(n)s. Ausgangspunkt der Überlegungen ist der menschliche Körper und der Einfluss, den das Alter auf ihn hat. Cicero fragt zuerst danach, ob die körperlichen Veränderungen, die mit dem Alter einhergehen, als gut oder schlecht zu bewerten sind. Viele würden diese Veränderungen als schlecht bewerten, weil sie mit Verlusten verbunden sein können. Aber das Gegenteil ist nach Cicero richtig: Die Verluste sind nur scheinbar und sie lenken den Blick auf Betätigungen, die für eine länger anhaltende Zufriedenheit sorgen können. Auf diese Weise bietet das Alter sogar eine bessere Möglichkeit, ein gutes Leben zu führen. Denn die körperlichen Veränderungen selbst seien nicht gravierend, aber sie erleichtern es, eine innere Haltung zu gewinnen, die Voraussetzung für ein gelingendes Leben ist. Diese innere Haltung besteht in einer größeren inneren Unabhängigkeit und Gelassenheit. Sie verabschiedet sich von einem Leben, das einseitig und übermäßig auf körperliche Genüsse ausgerichtet ist. Entsprechend sollen andere Tätigkeiten im Vordergrund stehen als solche, die allein auf körperliche Lust ausgerichtet sind. Die bevorzugten Tätigkeiten bestehen im Austausch mit Anderen und politischen Ämtern mit Verantwortung und Einfluss. Voraussetzung dafür sind wiederum die erworbenen Tugenden und die Weisheit und Erfahrung, die das Alter mit sich bringen kann, wenn man die eigenen Talente entfaltet. Das bedeutet, dass im Laufe des Lebens durch einen gesunden Lebensstil körperliche Schwäche im Alter weitgehend zu verhindern ist. Gleichzeitig soll im Lebenslauf eine geistige und moralische Entwicklung stattfinden, die aktiv zu gestalten ist, so dass das Alter schließlich auf den Höhepunkt des Lebens führt.

5.4 Die Länge des Lebens spielt keine Rolle – Epikur und Seneca

Epikur und Seneca vertreten beide die Ansicht, dass die Länge des Lebens keine Rolle spielt

✓ Für Epikur ist der Tod kein Übel, denn wir nehmen ihn nicht wahr. Wir sollen uns auf die Zeit beschränken, die uns gegeben ist.

✓ Für Seneca ist das Leben nur dann zu kurz, wenn man es mit bedeutungslosen Tätigkeiten verschwendet. Was dem Leben Bedeutung gibt, sind sittliche Vervollkommnung und philosophische Fragen.

✓ Leben heißt für Seneca sterben lernen: Vorzug des Alters ist die Konzentration auf das Hier und Jetzt und die Akzeptanz des Todes.

Cicero, der selbst verschiedene philosophische Einflüsse verbindet und nicht einer einzelnen Schule zuzurechnen ist, ist der Zeitgenosse von zahlreichen anderen Ansätzen. Die unterschiedlichen (spät-) antiken Philosophenschulen, die auf Platon und Aristoteles folgen, sind sich darin einig, dass das höchste Gut oder die Glückseligkeit in der Seelenruhe oder im inneren Frieden besteht. Uneinig ist man sich darin, auf welchem Weg man dieses Ziel erreichen soll. Aber selbst Schulen mit gegensätzlichen Grundpositionen wie diejenigen der Stoiker und der Epikureer kommen zu ähnlichen Ratschlägen, wie man mit der Länge bzw. Kürze des Lebens umgehen soll.

Der griechische Philosoph Epikur, der im vierten und dritten Jahrhundert vor Christus lebte, ist vielen vor allem als Namensgeber für einen Lebensstil bekannt, für den vor allem raffinierter, körperlicher Genuss zählt. Epikur selbst war jedoch kein Epikureer in diesem Sinn. Das höchste Gut oder die Glückseligkeit besteht auch nach Epikur in der Seelenruhe oder dem inneren Frieden. Dafür ist es notwendig, frei von Schmerz und negativen Empfindungen zu sein. Das setzt wiederum voraus, auf kluge Weise elementare körperliche Bedürfnisse zu befriedigen und sich von Ängsten und anderen Ursachen von Unzufriedenheit zu befreien. Todesfurcht führt zu einer tiefen inneren Beunruhigung und verhindert daher die angestrebte Seelenruhe.

Epikurs berühmtes Mittel gegen die Todesfurcht lautet vereinfacht gesagt, dass wir mit dem Tod gar nichts zu schaffen haben (vgl. dazu auch Nagel, 1970). Denn wenn wir sind, ist der Tod nicht und wenn der Tod ist, sind wir nicht. Er bringt, um diese Ansicht zu stützen, zwei Argumente vor. Das erste lautet, dass etwas nur dann ein Übel ist, wenn man es empfinden kann. Mit dem Ende des Lebens lösen wir uns auf, und es endet die Empfindungsfähigkeit, daher kann der Tod auch kein Übel sein. Das zweite Argument lautet, dass wir unsere Nicht-Existenz vor der Geburt nicht beklagen würden. Daher sollten wir auch unserer Nicht-Existenz nach dem Tod gleichgültig gegenüberstehen. An diese Gedanken gegen die Angst vor dem Tod schließt Epikur an, dass die Vernunft ein begrenztes Leben bejahe. Der Wunsch nach einer unbegrenzten Lebensspanne komme vom Körper und der Lust. Aus der vernünftigen Einsicht, die besagt, dass der Tod kein Übel sei, folge auch, dass ein begrenztes Leben gut sei (vgl. Hossenfelder, 1996, S. 163 ff.).

5.4 Die Länge des Lebens spielt keine Rolle – Epikur und Seneca

Seneca, ein römischer Philosoph, der etwa 100 Jahre nach Cicero gelebt hat, knüpft sowohl an Cicero als auch an Epikur teilweise an, obwohl er der konkurrierenden Schule der Stoa angehörte. Erneut geht es um Seelenruhe. Seneca vertritt die stoische Grundposition, dass die Tugend, verstanden als richtige moralische Grundhaltung, das einzige und höchste Gut des menschlichen Lebens sei (Hossenfelder, 1996, S. 96 ff.). Berühmt ist seine Abhandlung *Über die Kürze des Lebens*, in der er dafür argumentiert, dass ein längeres Leben nicht besser ist und die jetzige Lebenszeit dafür ausreicht, ein gelungenes Leben zu führen (Seneca, 1993). Eingangs bezieht sich Seneca auf ein angebliches Zitat von Aristoteles, von dem die Klage stamme, dass das menschliche Leben zu kurz sei, im Gegensatz zu den fünf bis sechs Jahrhunderten, die er der Lebensspanne von Tieren zuschreibt. Vermutlich ist das ein Fehler und das Zitat könnte vom Aristoteliker Theophrast stammen. Ihm wird die Aussage im hohen Alter zugeschrieben, »wenn wir anfangen zu leben, sterben wir« (Diogenes Laertius, 1967, S. 263). Für Seneca ist das ein großer Irrtum. Denn das Leben sei nur zu kurz, wenn man die Lebenszeit mit sinnlosen Tätigkeiten verschwende.

Dazu gehören fast alle Tätigkeiten, denen die meisten seiner Zeitgenossen nachgegangen sein dürften und mit denen auch wir noch unsere Freizeit in der Regel verbringen. Körperliche Genüsse und Vergnügungen wie das Sammeln von Kunstobjekten oder das Verfolgen von sportlichen Wettkämpfen zählen dazu. Ebenso wenig lässt Seneca das Streben nach Gewinn durch Handel oder nach Ruhm durch eine militärische Laufbahn gelten. Politische Ämter zu übernehmen, lehnt er genauso ab, wie manche Formen von literarischer oder historischer Gelehrsamkeit, bei denen es lediglich um Detailwissen ginge. Er nennt dabei als Beispiel die Frage, ob Homer ein einzelner Autor gewesen sei oder ob Ilias und Odyssee aus der Feder unterschiedlicher Autoren stammen würden. Die einzigen Tätigkeiten, denen man nach Seneca nachgehen sollte, sind die eigene sittliche Vervollkommnung durch Selbsterkenntnis und das Philosophieren über letzte Dinge, wie das Wesen Gottes oder die Beschaffenheit des Kosmos. Wer sein Leben diesen Fragen widme, verschwende keine Lebenszeit und der Tod käme nie zur Unzeit. Die Länge des Lebens spiele so keine Rolle.

Für Seneca bedeutet Leben zu lernen gleichzeitig sterben zu lernen. Darin sieht er einen großen Vorzug des Alters. In seinem zwölften Brief an Lucilius (Seneca, 1993, S. 34 ff., Band 3) erinnern verschiedene Begebenheiten auf seinem Landgut Seneca an das Vergehen der Zeit und an sein eigenes Alter. Ein Gutshaus ist baufällig – er hatte es selbst errichtet. Platanen sind morsch und verkümmert – er hatte sie selbst gepflanzt. Er erkennt einen stark gealterten Mann nicht wieder – einst sein Spielgefährte. Diese Begegnungen sind gleichsam ein memento mori, ein »bedenke, dass Du sterben musst«. Seneca ist dankbar, dass sein Landgut ihm sein eigenes Alter bewusstgemacht hat. Man müsse das Alter freudig hinnehmen. Man könne es mit der richtigen Haltung genießen. Er schreibt, dass das Alter am reizvollsten sei, »das sich bereits abwärts kehrt, aber noch nicht zu jähem Sturz.« Aber selbst danach habe es noch seine Reize. Einer davon ist gerade, den Tod vor Augen zu haben. Das Leben besteht nach Seneca aus konzentrischen Kreisen. Der kleinste dieser Kreise ist ein einzelner Tag. Das Alter ist nicht nur die Zeit der Reife und Bedürfnislosigkeit, sondern auch die Zeit, in der man jeden einzelnen Tag dankbar entgegennimmt und bewusst erlebt. Gleichzeitig hat man dadurch sterben gelernt.

5.5 Wissenschaftlicher Fortschritt und Alterstherapien – Die Philosophie der Neuzeit

Das körperliche Altern wird in der Philosophie der Neuzeit zu einem individuell erlebten und veränderungswürdigen Phänomen. Es wird ferner Gegenstand der Medizin, und der medizinische Fortschritt soll auch einen gesellschaftlichen bewirken.

5.5 Wissenschaftlicher Fortschritt und Alterstherapien

- ✓ Montaigne beschreibt detailliert körperliche Veränderungen, die er mit dem Altern erlebt. Aus der Kürze des Lebens zieht er den Schluss, jungen Menschen früher Verantwortung zu geben.
- ✓ Bacon und Descartes sehen eine Medizin voraus, die das körperliche Altern therapieren kann.
- ✓ Condorcet verknüpft medizinischen und gesellschaftlichen Fortschritt. Durch ein längeres und gesünderes Leben wird die Menschheit eine neue Stufe der Zivilisation erreichen.

Die europäische Philosophie der Neuzeit und die darauf aufbauenden späteren philosophischen Positionen haben sich bis zur Gegenwart wenig mit dem Alter beschäftigt. Einer der Gründe liegt vielleicht darin, dass sich die europäische Philosophie in einem großen Teil ihrer Geschichte eher für die zeitlosen Fragen der Metaphysik, wie diejenigen nach der Existenz Gottes oder der Unsterblichkeit der Seele, interessiert hat. Dieser Blickwinkel änderte sich erst langsam im 20. Jahrhundert. Montaigne war einer der ersten Philosophen, der sich mit dem eigenen Körper und dem individuellen Erleben seiner vergänglichen leiblichen Existenz philosophisch auseinandergesetzt hat und darüber schrieb. In seinen Essays findet sich ein sehr kurzer über das Alter (Montaigne, 1998, S. 163-164). Aufschlussreich ist neben diesem besonderen, modern wirkenden Blick auf das eigene Selbst und den eigenen Körper auch Montaignes Sicht auf das Alter bzw. die Lebensalter. Sein Essay, der die Kürze und Unsicherheit des Lebens beklagt, ist kein Alterslob, auch kein Alterstadel, sondern ein Lob der Jugend. Er fordert dazu auf, ihr mehr und früher Eigenverantwortung zu geben. Herausragende Begabungen seien schon im zwanzigsten Lebensjahr deutlich erkennbar. Im Gegensatz zu den antiken Positionen, die wir oben kennengelernt haben, meint Montaigne, dass der überwiegende Teil großer Taten vor dem dreißigsten Lebensjahr vollbracht werden. Er selbst habe bei sich festgestellt, dass seine geistigen, wie körperlichen Kräfte nach dem dreißigsten Lebensjahr abgenommen hätten. Wenn man seine Zeit nutze, sei es vielleicht möglich, dass man an Wissen und Erfahrung reicher werde. Aber die wichtigeren und wesentlicheren menschlichen Eigenschaften – und auch das ist ein bereits die Moderne vorwegnehmender Fokus – wie Unternehmungslust oder Entschlusskraft würden schnell dahinwelken. Montaigne will sich nicht für einen früheren Ruhestand im Alter aussprechen – obwohl er oft gesehen habe, dass das Gehirn vor Magen und Beinen schwach werde. Aber angesichts der Hinfälligkeit des menschlichen Lebens sollte der Eintritt in das verantwortliche Erwachsenenalter früher stattfinden. Er führt dafür zahlreiche Beispiele an. So die Absurdität eines vorgeblichen Dekrets von Augustus, der zwanzigjährig verfügt haben soll, dass man erst ab einem Alter von dreißig Jahren Dachrinnen eigenverantwortlich verlegen dürfe. Neu an Montaignes Standpunkt ist nicht eine moderne Abwertung des Alters, sondern die Aufwertung der Jugend. Schließlich ist auch für Platon und Aristoteles, selbst für Cicero, das Alter ein teilweises oder sogar vollständiges Schwinden von Kräften. Aber die Eigenschaften, die sich nach Montaigne allgemeiner Wertschätzung erfreuen, besitzt man bereits und bevorzugt im jungen Erwachsenenalter und nicht erst am vermeintlichen Höhepunkt des Lebens mit 50 Jahren. Insofern könnte man ihn als frühen Vertreter einer modernen Verehrung von Jugendlichkeit sehen, die bis in die Gegenwart fortwirkt.

Montaigne lenkt den Blick auf die subjektive Wahrnehmung der körperlichen Veränderungen, die mit dem Alter einhergehen, und deren materielle Grundlage. Diese materielle Grundlage – das biologische Altern zu verändern – ist das erklärte Ziel, das bereits ihre neuzeitlichen Begründer der Naturwissenschaft vorgeben. Während Montaignes Pioniertat darin besteht, das persönliche und wertende Erleben in Essays zu beschreiben, legen René Descartes und Francis Bacon die Grundlagen für die objektive Beschreibung der Natur in der neuzeitlichen Wissenschaft. Für beide geht es nicht nur darum, die Natur und menschliches Leben zu beschreiben, sondern sie auch zu verändern und sogar zu beherrschen. Sie versprechen sich von Wissenschaft und Technik verbesserte menschliche Lebensbedingungen. Beherrscht und verändert werden soll nicht zuletzt auch die eigene Natur des Menschen, wobei dem körperlichen Altern und einer verlängerten menschlichen Lebensspanne eine Schlüsselrolle zukommt. Beides sind zentrale Aufgaben einer erneuerten, wissen-

5.5 Wissenschaftlicher Fortschritt und Alterstherapien

schaftlichen Medizin, der es nicht nur darum geht, Krankheiten zu heilen, sondern auch Leiden und Schwächen des menschlichen Körpers bereits in dessen Grundverfassung zu beheben (Ehni, 2018, S. 10 ff.).

Noch ungebrochen strebt der Wissenschafts- und Fortschrittsglaube der frühen Neuzeit auf einen Höhepunkt in der Aufklärung des 18. Jahrhunderts zu. Der Marquis de Condorcet formuliert einen solchen Höhepunkt in seinem *Esquisse d'un tableau historique des progrès de l'esprit humain* (Entwurf einer historischen Darstellung der Fortschritte des menschlichen Geistes) (Condorcet, 1988). Der menschliche Fortschritt führt demnach über zehn zivilisatorische Stufen bzw. Epochen. Die eigene Epoche der französischen Aufklärung sieht Condorcet bereits auf der 9. Stufe angekommen. In der abschließenden »10. Epoche« wird der Mensch körperlich, geistig und moralisch mit Hilfe von Wissenschaft und Technik vervollkommnet und das Ideal der sozialen Gleichheit auf nationaler sowie internationaler Ebene verwirklicht. Condorcet sagt richtig voraus, dass durch Maßnahmen wie verbesserte Arbeitsbedingungen und Hygiene die Lebensspanne durch eine »médicine conservatrice« ansteigen würde. Tatsächlich ist diese Entwicklung in den letzten 150 Jahren teils eingetreten und die entsprechenden Erfolge schlägt man zu einem bedeutenden Teil dem Gebiet der »public health« bzw. der Präventionsmedizin zu. Als Endpunkt dieser Entwicklung sieht Condorcet schließlich eine radikal verlängerte Lebensspanne, bei der lediglich äußere Ursachen für Todesfälle sorgen würden und Menschen theoretisch unbegrenzt weiterleben könnten, ohne körperlich zu altern. Erst eine solche Lebensspanne führt zum zivilisatorischen Höhepunkt, den Condorcet vor Augen hat. Seine Skizze ist die erste in einer langen Reihe von Zukunftsvisionen, die beides miteinander kombinieren.

Wir sehen, wie sich hier die Perspektive im Vergleich zur Antike verschiebt. Montaigne beobachtet an sich selbst den Verlust von jugendlichen Eigenschaften, die er wertschätzt. Bacon und Descartes sehen im Alter ein medizinisches Problem. Wenn dieses gelöst wäre, könne die Menschheit durch medizinischen und technologischen,

5 Alter(n) in der philosophischen Tradition

aber auch durch persönlichen Fortschritt, den nächsten Schritt in ihrer Entwicklung machen, glaubt Condorcet. Stehen nun die neuzeitliche und die antike Perspektive im Gegensatz zueinander? Haben sie uns beide gleichermaßen etwas für die Zukunft des Alters zu sagen oder müssen wir uns für eine der beiden entscheiden?

5.6 Was sagt uns die philosophische Tradition über die Zukunft des Alters?

Antike und neuzeitliche philosophische Positionen zum Alter sind keine Gegensätze, sondern ergänzen sich.

Die antike Philosophie reagiert auf die Unsicherheit des menschlichen Lebens und entwickelt Ratschläge, wie mit dem Alter(n) umgegangen werden kann.

✓ Das Leben sollte als Ganzes betrachtet werden.
✓ Die Lebensphase Alter und der Gesundheitszustand in ihr werden über das gesamte Leben hin vorbereitet.
✓ Tätigkeiten zur Gestaltung eines gelingenden Lebens müssen auch im Alter tragfähig sein. Sie sollen im Alter angepasst werden.
✓ Die begrenzte Lebenszeit erfordert einen umsichtigen Umgang mit ihr.

Die neuzeitliche Philosophie wertet körperliches Altern als negativ und strebt an, es zu verändern, sofern möglich.

✓ Medizin und Wissenschaft haben als Ziel, die menschliche Gesundheit zu erhalten und wiederzustellen, sondern auch zu verbessern.
✓ Altersassoziierte Erkrankungen und körperliches Altern selbst sollen mittels einer neuen Medizin verändert werden

5.6 Was sagt uns die philosophische Tradition über die Zukunft des Alters?

✓ Die menschliche Lebensspanne soll verlängert werden.
✓ Diese Veränderungen sind in einen gesellschaftlichen Fortschritt eingebettet, den sie weiter vorantreiben.

Beide Perspektiven ergänzen sich und behalten ihre Gültigkeit. Die antike Philosophie reagiert auf Unsicherheit und Zufälligkeiten, die das menschliche Leben beherrschen. Sie bezieht das Alter(n) in die Antworten auf die Frage nach dem guten Leben ein.

- Die erste, daraus abzuleitende Empfehlung lautet, das Leben als Ganzes in den Blick zu nehmen. Das Alter erfordert, das Leben in seinem konkreten Verlauf zu verstehen. Die körperlichen Veränderungen, die mit dem Altern verbunden sind, legen die Rahmenbedingungen fest. Daraus leiten antike Philosophen und zahlreiche andere Autoren in ihrer Nachfolge Klugheitsratschläge ab, die nichts an ihrer Gültigkeit verloren haben.
- Die zweite Empfehlung besagt, durch eine maßvolle und gesunde Lebensführung körperliche und geistige Fähigkeiten zu erhalten und Krankheiten zu verhindern. Hier hat mittlerweile die Gerontologie einiges an empirischen Erkenntnissen zur Prävention hinzugefügt, aber die Grundidee bleibt dieselbe. Die Lebensphase des Alters wird in anderen Lebensphasen vorbereitet und gestaltet. Es ist ein integraler Bestandteil des Lebens und bei der Lebensführung in anderen Lebensphasen sollte das eigene Alter bewusst vorweggenommen werden.
- Drittens empfehlen antike Philosophen wie Cicero bereits, dass die Tätigkeiten und inneren Haltungen, die ein gelingendes Leben ausmachen, auch im Alter tragfähig sein müssen bzw. im Alter angepasst werden sollen. Dieser Gedanke erinnert an die gerontologische These, dass die Tätigkeiten im Alter selektiert, optimiert und kompensiert werden sollen. Man soll passende Tätigkeiten wählen, diese weiterentwickeln und erhält so einen Ersatz für solche, die nicht länger möglich sind (Freund & Baltes, 1998).
- Das Alter erinnert schließlich viertens an die Begrenztheit des Lebens und den umsichtigen Umgang mit der eigenen Lebenszeit.

5 Alter(n) in der philosophischen Tradition

Der Wert von sinnvollen Tätigkeiten, der Gegenwart und des einzelnen Tages wird deutlich. Aus Sicht der antiken Philosophie existiert mittels dieser Empfehlungen die Möglichkeit, Altern als Wachstum an innerer Reife anzusehen und gleichzeitig Wege zu finden, den Rückgang von Möglichkeiten und Fähigkeiten zu akzeptieren.

Die Philosophie der Neuzeit zählt das Alter häufig schlicht zu den körperlichen Übeln, die es mit wissenschaftlicher und technischer Hilfe zu überwinden gilt (Ehni, 2014, S. 191 ff.). Aber die Perspektiven antiker und neuzeitlicher Philosophie, die hier knapp skizziert wurden, sind keine Gegensätze. Denn ein ungetrübtes Alterslob findet man in der Antike kaum, nicht einmal bei Cicero. Es ist keine notwendige Bedingung für ein gutes Leben, sondern eine Gegebenheit, die akzeptiert werden muss, sofern sie nicht geändert werden kann. Die Philosophie des guten Lebens beruht nicht darauf, dass der Mensch altert, sondern sie passt die Konzeption des guten Lebens daran an. Sofern der Mensch nicht mehr körperlich altern würde, bedeutet das, dass man diese Anpassung nicht mehr durchführen müsste. Aber nicht, dass die Bedingungen für ein gutes Leben dann nicht mehr gegeben wären.

Teils nehmen Philosophen an, dass das Alter sogar ein gelingendes Leben schwerer macht, weil tugendhaftes Handeln schwieriger sei – wie etwa Aristoteles nahe zu legen scheint. Teils soll das körperliche Altern tugendhaftes Handeln auch erleichtern. Denn das Alter erschwere es, exzessiven körperlichen Genüssen nachzugehen, und so soll es leichter fallen, Tätigkeiten zu entdecken, die eine tiefere und anhaltendere Befriedigung versprechen. Aber man muss darin kein Verdienst sehen und möglicherweise reift eine entsprechende Erkenntnis auch ohne körperliches Altern. Außerdem soll das Altern auf die begrenzte Lebenszeit aufmerksam machen. Die Gegenwart soll bewusst erlebt und Lebenszeit nicht vergeudet werden. Aber auch das sind Erkenntnisse, die man in einem längeren Leben ebenso gewinnen kann. Der amerikanische Philosoph William B. Irvine, der die stoische Philosophie als Orientierung für ein gutes Leben erneuern will,

5.6 Was sagt uns die philosophische Tradition über die Zukunft des Alters?

schreibt, dass wir im Alter gute Gründe haben, deren Grundsätze überzeugender zu finden (Irvine, 2009, S. 188). Das bedeutet aber nicht, dass wir die Erfahrung des Alterns machen müssen, um auf diese Grundsätze generell zu kommen oder dass sie nur deswegen für Menschen richtig sein können, weil sie altern. Es geht den angeführten antiken Autoren darum, wie wir mit der Herausforderung des körperlichen Alterns umgehen können. Der Ratschlag, seine guten Seiten bewusst zu gestalten und seine schlechten zu akzeptieren, gilt auch dann noch, wenn man versucht, es zu verändern. Wir haben gesehen, dass die Biogerontologie mittlerweile dieser Veränderung näherkommt. Diese Aussicht hat in der gegenwärtigen Bioethik immer wieder Kontroversen ausgelöst. Hier begegnen uns die Vorstellungen der apologetischen Mythen und philosophischen Perspektiven auf das Alter wieder, ergänzt um neue Argumente, die wir bewerten müssen, wenn wir die Zukunft des Alters gestalten wollen.

6

Der Streit in der Bioethik um die Zukunft des Alter(n)s

6.1 Ist Lebensverlängerung für den Einzelnen gut?

Ob körperliches Altern verändert werden soll, wird gegenwärtig in der Bioethik im Rahmen der Debatte um die Verbesserung der menschlichen Natur diskutiert. Grundlegend sind Einwände und Bedenken, dass der Einzelne von einer Verlängerung des Lebens unabhängig von den Umständen nicht profitieren wird. Die Gründe sind die folgenden:

6.1 Ist Lebensverlängerung für den Einzelnen gut?

- ✓ Menschliche Individuen verlieren das Interesse an jeder Art von Tätigkeit.
- ✓ Ihre Identität verschwindet, ihr Leben wird strukturlos.
- ✓ Sie nehmen eine falsche Haltung zu Endlichkeit und Tod ein und verlieren deswegen den Antrieb zur Tätigkeit.
- ✓ Der Wunsch nach einem längeren Leben ist Ausdruck einer einseitigen Jugend- und Konsumorientierung.

Keiner dieser Gründe ist jedoch überzeugend genug, um es mit der Lebensverlängerung erst gar nicht zu versuchen.

Lebensverlängerung und Verbesserung des Menschen

Was kann gegen ein längeres und gesünderes Leben sprechen? Wenn es durch verlangsamtes Altern erzielt wird, scheinbar eine ganze Menge, betrachtet man die Diskussion in der biomedizinischen Ethik oder Bioethik. Unterschiedliche Einwände sind naheliegend, die sich auf gesellschaftliche Entwicklungen beziehen, wie ein Anstieg der gesundheitlichen Ungleichheit oder Sorgen vor einer Bevölkerungszunahme. Grundlegender sind jedoch Argumente, die besagen, dass einzelne Menschen prinzipiell von einem längeren Leben nicht profitieren können, unabhängig von den Umständen. Die Lebensverlängerung widerspricht demnach den Bedingungen für ein gelingendes Leben, die durch die menschliche Natur vorgegeben sein sollen. Negative gesellschaftliche Folgen ließen sich vielleicht überwinden, aber wenn sie drohen und es nicht einmal individuell einen möglichen Nutzen gibt, dann sollte man diesen Weg gar nicht erst betreten. Wie überzeugend sind solche grundlegenden Einwände?

Wer über mögliche Nachteile einer Lebensverlängerung nachdenkt, sollte sich zunächst die potenziellen Vorteile nochmals in Erinnerung rufen. Sollte die Biogerontologie ihre Versprechen für die nähere Zukunft einhalten, wäre der größte und unmittelbare Vorteil eine verbesserte Gesundheit im Alter und wahrscheinlich eine moderate Lebensverlängerung. Das sind, wie bereits festgestellt, Ziele, wie sie auch die Medizin verfolgt, ohne dass dagegen Bedenken laut werden. Den Unterschied macht die Manipulation des Alterns aus. In einen grundlegenden körperlichen Prozess einzugreifen, der zur menschlichen Natur gehört, weckt offensichtlich Unbehagen, auch in der Bioethik.

Daher ist die Lebensverlängerung durch ein verlangsamtes Altern ein beispielhaftes Thema der neueren biomedizinischen Ethik oder Bioethik. Denn Veränderungen der menschlichen Natur durch neue medizinische Technologien in Kombination mit einem gesellschaftlichen Wertewandel und der Frage nach Grenzen menschlicher Freiheit prägen viele der zentralen bioethischen Debatten, wie etwa diejenigen um Organtransplantation oder die Selbstbestimmung am Lebensende. Die Idee der Aufklärung, den menschlichen Körper mit technischen Mitteln neu zu gestalten, wird hier im Kontext der Medizin und ihrer Grenzen aktuell diskutiert. Die Veränderung der menschlichen Natur, die damit einhergehen würde, gehört in den umfassenderen Zusammenhang der Diskussion um das sogenannte »Enhancement« oder die »Verbesserung« des Menschen. Bei den Befürwortern dieser »Verbesserung« besteht die Hoffnung, körperliche und geistige Eigenschaften des Menschen mit Hilfe medizinischer Methoden zu verbessern. Naheliegend ist es, dass man solche verbesserten menschlichen Möglichkeiten auch über eine längere Lebenszeit hin genießen möchte. Der englische Bioethiker John Harris hat daher die »Unsterblichkeit« als »heiligen Gral des Enhancements« bezeichnet (Harris, 2007, S. 59).

Diese Gedankenspiele lösen die Sorge aus, dass der »verbesserten« menschlichen Natur etwas Wesentliches von ihrer Menschlichkeit verloren geht. Das menschliche Leben würde dann unter anderem flacher, reizloser, oberflächlicher, emotionsloser und insgesamt weniger lebenswert. *Brave New World* von Aldous Huxley verkörpert die berühmteste literarische Bearbeitung dieser Sorge. Drastisch veranschaulicht das auch Huxleys Roman *After Many a Summer*, der die Bemühungen seiner Zeitgenossen um eine Lebensverlängerung karikiert. Der Titel spielt auf das Gedicht *Tithonus* von Tennyson an und damit auf die entsprechende apologetische Tradition. Im Buch geht es

6.1 Ist Lebensverlängerung für den Einzelnen gut?

um einen Millionär, der einen diabolischen Biologen engagiert, um ein Mittel zur Verlängerung des eigenen Lebens zu finden. Tatsächlich scheint dies zu gelingen, aber um den Preis der Verwandlung in ein affenähnliches Geschöpf. Während im Buch ausdrücklich das Streben nach längerer Jugend und längerem Leben als böse bewertet wird, verliert die entsprechend dargestellte Figur ihre Menschlichkeit. An solche literarischen Gedankenfiguren knüpfen die Gegner des verlangsamten Alterns in der Bioethik an und argumentieren auf verschiedene Weise, dass zu einem menschlichen Leben im vollen Sinn körperliches Altern notwendig dazu gehört.

Wir haben allerdings gesehen, dass in der philosophischen Tradition körperliches Altern nicht als per se gut eingestuft wird. Wie etwa bei Cicero ist es vom Standpunkt der Klugheit zu akzeptieren, und in größeren Kontexten betrachtet kann es Vorteile mit sich bringen. Die Eigenschaften, die beim Altern für ein gutes Leben förderlich sind – Erfahrung, Wissen, Gelassenheit, selbst eine Mäßigung der Leidenschaften –, wären auch ohne körperliches Altern möglich. Körperliches Altern ist ein Bestandteil des menschlichen Lebens, der für ein gutes Leben zu berücksichtigen ist: Aber ein gutes Leben ist bei Cicero und anderen antiken Denkern auch ohne körperliches Altern denkbar. Seit der Philosophie der Neuzeit und Aufklärung können wir eine starke Strömung erkennen, Alter als medizinisches Problem zu sehen, das eine fortgeschrittenere Medizin lösen wird. Körperliche Einschränkungen durch die körperliche Alterung erscheinen vielen Philosophen als Übel, die möglicherweise in Zukunft behoben werden können. In der »Enhancement«-Debatte argumentieren nun einige Bioethiker, dass es problematisch sei, die menschliche Natur einschließlich des Alterns zu verändern und zu verbessern, unter anderem, weil sie die Bedingungen für ein gelingendes Leben vorgeben soll. Der britische Philosoph Bernard Williams hat einen Schlüsseltext hierzu verfasst, in dem er die Lebensverlängerung als Dilemma zwischen Langeweile und Identitätsverlust beschreibt (Williams, 1973). In den nächsten Abschnitten wollen wir diesen und andere Einwände gegen die Lebensverlängerung kennenlernen.

Der fehlende Reiz des langen Lebens

Bernard Williams Text zur Lebensverlängerung entnimmt seinen Titel *The Makropoulos Case* einem Theaterstück des tschechischen Autoren Karel Čapek, der zur frühen fantastischen Literatur zählt. Elina Makropoulos ist die Hauptfigur von Čapeks Text. Durch ein Experiment altert sie körperlich nicht weiter und ist von ihrer Jahrhunderte andauernden Existenz so erschöpft, dass sie Suizid begeht. Für Williams hat sie jeden Antrieb zum Weiterleben verloren, da sie alles, was für einen Menschen ihres Charakters sinnvoll ist, schon erlebt hat. Dieser Idee entspricht die Vorstellung einer »natürlichen« Lebensspanne, die wir bei Ezekiel Emanuel schon kennengelernt haben. Wir erinnern uns: Emanuel meint, die gegenwärtige durchschnittliche Lebenserwartung würde für ein erfülltes Leben ausreichen. Bei Williams können wir nun etwas genauer sehen, was das bedeuten könnte. Er geht erstens davon aus, dass es für einen Menschen nur eine begrenzte Anzahl von wertvollen und sinnstiftenden Tätigkeiten gibt. Einen besonderen Charakter zu haben, bedeutet einen eingeschränkten Blick auf die Bandbreite menschlicher Möglichkeiten zu werfen. Es steht einem Individuum von diesen Möglichkeiten nur eine begrenzte Auswahl zur Verfügung, mit denen es etwas anfangen kann. Selbst wenn eine bestimmte Person unbegrenzte Zeit dafür aufwenden kann, werden sich ihr also Sport, Kunst oder Literatur nicht als sinnvolle Beschäftigungen erschließen, sofern sie keine charakterlichen Anlagen dafür mitbringt. Zweitens ermüden nach Williams auch die Tätigkeiten, die einem Leben einen Sinn geben. Sie können nicht beliebig und unbegrenzt oft wiederholt werden.

Aber schon bevor wir durch endlose Wiederholung unser Interesse an jeglicher Tätigkeit verlieren, droht Antriebslosigkeit bereits durch das Bewusstsein, dass uns endlos Zeit zur Verfügung steht. Denn wir brauchen aus dieser Perspektive Fristen und die Endlichkeit unserer Existenz als Antrieb, um uns Ziele zu setzen und sie zu verfolgen, ohne sie auf den nächsten Tag zu verschieben. Ohne das Bewusstsein unserer Sterblichkeit könnten wir uns nicht zu großen Taten durchringen, sondern würden sie immer weiter auf das Morgen verschieben, das sich endlos wiederholt. Dadurch erlischt nicht nur unser Tatendrang. Es fehlt jede Leidenschaft und Hingabe an Projekte, Ziele und selbst an andere Menschen. Wir verbleiben rein selbstbezogen und gelangweilt in unserer bloßen zeitlosen Existenz.

Verlust des Selbst in der Zeit

Aber auch diese Selbstbezogenheit ist eine Illusion, denn das Selbst löst sich im langen Leben auf. Nach Bernard Williams verlieren wir durch unsere fortdauernde Existenz mehr und mehr unsere Erinnerungen, bis wir nichts mehr mit unserem früheren Selbst gemeinsam haben. In umgekehrter Blickrichtung von der Vergangenheit in die Zukunft könnten wir daher kein wirkliches Interesse daran haben, dass eine Person existiert, die wir gar nicht selbst sind. Eine radikale Lebensverlängerung ist daher kein rational erstrebenswertes Ziel.

Unser Selbst löst sich zudem auf, wenn wir keine Lebensphasen erleben. Denn diese verleihen unserem Leben Struktur und Einheit. Hier gilt Ciceros Vergleich des Lebens mit einem Theaterstück und der zeitgenössische Gedanke einer erzählerischen Einheit des Lebens in seiner Ganzheit betrachtet. Ohne die Struktur der Lebensphasen, dem Sinn, den sie in Bezug auf Lebenspläne enthalten und die Perspektive auf das Leben in seiner erzählerischen Ganzheit, soll die erlebte Zeit zu einem sinnlosen Brei verschwimmen.

Falsche Haltung zu Endlichkeit und Tod

Eine vorgeblich falsche Haltung zur Endlichkeit des menschlichen Lebens zerstört Dringlichkeit als Antrieb zu Handeln und Engagement, bewirkt Langeweile und die Auflösung des Selbst. Das Bewusstsein, dass die eigene Lebenszeit begrenzt ist, ist umgekehrt notwendig dafür, ein gelingendes Leben zu führen. Nur das Bewusstsein der eigenen Sterblichkeit motiviert demnach zur Tätigkeit, begründet den Wert der Lebenszeit und schafft eine Einheit des Lebens, aus der heraus Sinn entstehen kann. Verschwindet dieses Bewusstsein, entweder durch Verdrängung oder durch ein sehr langes Leben, löst sich ebenfalls der Sinn auf, den es erzeugt. Gleichzeitig könnte jedoch in einem sehr langen Leben auch ein grundlegend verändertes Bewusstsein des Todes entstehen, das lähmt. Denn der Tod wird durch die Lebensverlängerung zu einem Ereignis, das jederzeit und mit der gleichen, wenn auch nicht hohen Wahrscheinlichkeit eintreten könnte. Bei verlangsamtem Altern steigt die Sterbewahrscheinlichkeit ebenfalls langsamer an. Das und die Möglichkeit, sehr viel mehr Lebenszeit als bei der jetzigen Lebensspanne zu verlieren, könnte zu einer sehr hohen Risikoscheu führen, die ihrerseits die Untätigkeit befördert, zu der auch sonst das lange Leben beiträgt.

Der frivole Wunsch nach einem langen Leben

Wie schon von Huxley prophezeit, erscheint so das lange Leben als reizlos. Was das menschliche Leben erst reizvoll machen soll, der Antrieb und die Schärfe der Sterblichkeit, gehen verloren. Der Wunsch nach einem solchen Leben ist fehlgeleitet und beruht auf einer Täuschung. Er ist Ausdruck eines konsumbesessenen Jugendwahns der Gegenwart, dem es lediglich um Äußerlichkeiten und ein Mehrhabenwollen geht, das keine Grenzen kennt. Die Authentizität des individuellen Lebens verschwimmt in der Massenexistenz (Baars, 2012; Rentsch, 2016). Körperliches Altern wird gleichzeitig zusammen mit der Lebensphase Alter zu Unrecht abgewertet. Die Gründe sind, dass das Thema verdrängt wird oder man es im Kontext des demographischen Wandels nur einseitig negativ darstellt. Die Philosophie soll das Thema des Alterns wieder aufgreifen und dafür sorgen, dass ein gesellschaftliches Bewusstsein für Altern und die Lebensphase Alter als Aspekte der menschlichen Existenz entsteht, die mit Endlichkeit, Verwundbarkeit und körperlichen Einschränkungen verknüpft sei, aber gerade deswegen eine wesentliche Erfahrung darstellt.

6.1 Ist Lebensverlängerung für den Einzelnen gut?

Das lange Leben – schlimmer als der Tod?

Welches Gewicht sollte man nun diesen Einwänden verleihen, denen zufolge ein langes Leben schon individuell nicht erstrebenswert ist? Selbst wenn ab einem bestimmten Zeitpunkt doch die Nachteile überhandnehmen: Wäre das ein hinreichender Grund dafür, es mit einem längeren Leben gar nicht erst zu versuchen? Wohl kaum. Denn es geht zunächst darum, schwere chronische Erkrankungen und den frühzeitigen Tod zu vermeiden. Dabei handelt es sich um keinen Jugendwahn und das Leben wird auch nicht sofort radikal verlängert werden, sondern erst im Laufe einer möglichen längeren Entwicklung. Gegenwärtig ist längst noch nicht sicher, dass diese stattfinden wird. Erst dann wird sich vielleicht für viele einzelne Menschen zeigen, wann für sie der Punkt erreicht ist, ab dem Krankheiten kein Übel und mehr Lebenszeit kein Gut mehr sind. Aktuell lässt es sich aufgrund fehlender Erfahrungen nicht sagen. Wann für andere oder ganz allgemein ein längeres Leben nicht mehr erstrebenswert ist, ist eine anmaßende Feststellung. Wer kann schon für andere sagen, wie viele Tätigkeiten sie bei wie häufiger Wiederholung erfüllend finden werden? Wer will ernsthaft behaupten, es gäbe eine einzige richtige Haltung dazu, das Leben als Ganzes zu betrachten, oder zu seiner Endlichkeit? Es überzeugen weder die Bedenken, man werde lebensüberdrüssig oder lasse sich vielleicht über ein längeres Stadium der eigenen Lebenszeit antriebslos gehen, noch die Sorgen, man könne sich so stark verändern, dass man sein früheres Selbst nicht wiedererkennt. Denn in jedem Fall kann man es erst einmal darauf ankommen lassen, da man schließlich auch diese Existenz verlassen können wird. Ein Beweis steht aus, dass diese Existenz ein schlimmeres Schicksal ist als der Tod.

6.2 Ist Lebensverlängerung für die Gesellschaft gut?

Eine Verlängerung des menschlichen Lebens könnte auf gesellschaftlicher Ebene schwerwiegende Folgen haben.

✓ Der Generationenwechsel wird verzögert. Die Gesellschaft stagniert.
✓ Wenn alle Menschen Zugang zur Lebensverlängerung haben, droht ein exponentielles Bevölkerungswachstum.
✓ Wenn nur wenige Zugang zu einer lebensverlängernden Altersmedizin haben, könnte eine langlebige Elite entstehen und die gesellschaftliche Ungleichheit stark zunehmen.

Verzicht auf ein längeres Leben für das Allgemeinwohl?

Während überzeugende Einwände gegen eine Lebensverlängerung aus individueller Perspektive kaum vorgebracht werden, stoßen wir auf gesellschaftlicher Ebene schnell auf mehrere ernsthafte Probleme. Gravierende Nachteile soll ein verlangsamter Wechsel der Generationen bringen. Ein noch schwierigeres Dilemma entsteht durch den Zugang zu entsprechenden neuen medizinischen Möglichkeiten. Wenn viele Menschen weltweit ihr Altern verlangsamen können, vergrößert sich das Wachstum der Weltbevölkerung, das ohnehin bereits jetzt von manchen mit Sorge betrachtet wird. Bleibt jedoch der Zugang zur neuen Altersmedizin eingeschränkt, verstärken sich bestehende gesundheitliche Ungleichheiten. Diese werden ebenfalls bereits jetzt national wie international als skandalös und hochgradig ungerecht beurteilt.

Dabei hat verlangsamtes Altern, das mit einer verbesserten Gesundheit ohne eine deutlich längere Lebensspanne verknüpft ist, auch gesellschaftlich seine offenkundigen Vorteile. Der globale demogra-

6.2 Ist Lebensverlängerung für die Gesellschaft gut?

phische Wandel sorgt dafür, dass weltweit die über 80-Jährigen, die am stärksten wachsende Altersgruppe darstellen. Ob diese Entwicklung tatsächlich zu Problemen führt, hängt davon ab, wie gesund wir altern. Viele Kommentatoren glauben bereits jetzt, dass der demographische Wandel zu dramatisch negativ gesehen wird. Sollte die Biogerontologie tatsächlich Mittel finden, die gemeinsame Ursache chronischer Erkrankungen wirksam zu bekämpfen, würden Rentensysteme und Gesundheitswesen entlastet werden.

Sollte jedoch die Lebensspanne um den Abstand zwischen ein, zwei oder noch mehr Generationen ansteigen, bedeutet das nicht nur für einzelne Menschen ein völlig anderes Leben. Es wäre auch für die gesamte menschliche Zivilisation ein grundlegender Einschnitt, nur vergleichbar mit historischen Entwicklungen, die einen völligen Wandel des Zusammenlebens bewirkt haben, wie etwa die Domestikation von Tieren und die sesshafte Landwirtschaft oder die Industrialisierung (Davis, 2018). Die damit verbundenen Einschnitte können so schwerwiegend sein, dass ein Verzicht auf die Lebensverlängerung unmittelbar als klüger erscheint. Erweisen sich die Bedenken bei näherer Betrachtung als gerechtfertigt? Und wäre ein solcher Verzicht realistisch?

Gesellschaftlicher Stillstand und Gerontokratie

»Wer ewig lebt, macht keinen Platz für andere«. So lautet der Titel eines Zeit-Interviews des Theologen und ehemaligen Vorsitzenden des Deutschen Ethikrats, Peter Dabrock[5]. Darin kritisiert er vor allem aus gesellschaftlicher Perspektive das Streben nach einer radikalen Lebensverlängerung. Im Titel klingt das Thema des Generationswechsels an, das tiefe kulturelle Wurzeln in Mythen hat, wie wir gesehen haben. In der bioethischen Debatte lautet das Argument, dass

---

5 www.zeit.de/wissen/gesundheit/2019-07/medikament-alter-unsterblichkeit-verjuengung-jungbrunnen-ethikrat-peter-dabrock (aufgerufen am 20.12.2021)

für das Allgemeinwohl ein Wechsel der Generationen in einem bestimmten Rhythmus förderlich oder sogar notwendig sein soll. Findet dieser Wechsel nicht statt, stagniert demnach die Gesellschaft. Sie besitzt weniger Dynamik und weniger Kreativität. Der technische Fortschritt und die wirtschaftliche Produktivität leiden ebenso darunter wie der gesellschaftliche Wertewandel. Ein aktuelles Beispiel, das Dabrock für den Nutzen des Generationswechsels für den gesellschaftlichen Wandel nennt, ist das Engagement von Fridays for Future zur Bekämpfung des Klimawandels. Altershierarchien sollen zudem den Aufstieg von Jüngeren in verantwortungsvolle Positionen von Entscheidungsträgern verhindern. Man könnte dagegen einwenden, dass vollkommen unklar ist, wie viel Fortschritt eigentlich für wen genau das Wohlbefinden steigern soll. Schließlich gibt es viele, die nach einer Entschleunigung rufen. Aber dieses grundlegende Problem einmal beiseitegelassen, erkennt man schnell mehrere Fehler in dieser Argumentation.

Der erste Fehler besteht darin, eine kleinere Gruppe als repräsentativ für eine angeblich homogene Generation anzusehen. Das ist jedoch nicht der Fall. In Deutschland war nur etwa ein Viertel der jüngeren Altersgruppe bei den Fridays-for-Future-Demonstrationen, knapp die Hälfte könnte sich vorstellen, sich einmal zu beteiligen. Ganz ähnlich sieht es mit den Eigenschaften aus, die der »Generation Z« zugeschrieben werden, die nach 1995 geboren worden ist. Je nach Blickwinkel und Interesse werden ihre Angehörigen als besonders ethisch sensibel und generell empfindlich oder als narzisstisch und arrogant bezeichnet (»woke snowflakes«). Soziologische Studien in den USA zeigen jedoch, dass etwa die Einstellung zu Geschlechterfragen von der politischen Einstellung abhängt, nicht vom Alter. Dasselbe gilt für den Klimawandel, gegen den sich seit langem Angehörige aller Generationen engagieren. Allein daraus, dass jemand einer bestimmten Generation angehört, lassen sich nicht pauschal bestimmte Eigenschaften oder Überzeugungen ableiten. Das gilt für die jüngeren ebenso wie für die älteren Generationen, die im Laufe des Lebens zusätzlich noch heterogener werden (vgl. dazu Duffy, 2021).

6.2 Ist Lebensverlängerung für die Gesellschaft gut?

Der zweite Fehler besteht darin, Generationen Standpunkte zuzuschreiben, die lediglich Altersstereotype wiedergeben. Der Generation der Baby Boomer, etwa von 1955 bis 1964 geboren, werfen Kritiker vor, aus Gier und Egoismus an einem klimafreundlichen Lebensstil nicht interessiert zu sein. Weitere Altersstereotype führen zur Überzeugung, dass verlangsamtes Altern zu weniger technischen und moralischen gesellschaftlichen Fortschritt führen. Ironischerweise lehnen Experten aufgrund der angeblichen und unbelegten Fortschrittsfeindlichkeit älterer Menschen eine Entwicklung ab, die andere für einen bedeutenden medizinischen Fortschritt halten, mit dem Potenzial auch gesellschaftlich eine große Errungenschaft darzustellen. In jedem Fall ist es bedauerlich und falsch, die gesellschaftliche Auseinandersetzung um den Klimawandel als Gegensatz zwischen den Generationen darzustellen. Denn es steht nicht die jüngere, ethisch gesinnte Generation der älteren unmoralischen gegenüber, die sich weigert, den egoistischen Lebensstil zu ändern, der das Problem verursacht hat und der die Nachwelt gleichgültig ist. Klimafreundlicher Verzicht fällt generationsübergreifend allen schwer. Gerade die Zusammenarbeit der Generationen ist notwendig, um gesellschaftliche Probleme zu lösen, die sich auch generationsübergreifend stellen. Dies erfordert Kooperation und Austausch, keine Isolation oder starr konstruierte Gegensätze zwischen Generationen.

Bereits der demographische Wandel ruft jedoch das Schreckgespenst einer Gerontokratie auf den Plan, in der alle wichtigen Positionen von älteren Menschen besetzt sind. Da diese in der Mehrheit sind und ihre gemeinsamen materiellen und finanziellen Interessen verfolgen, zwingen sie diese den jüngeren Generationen auf. Deren Interessen wiederum kommen zu kurz. Vorhandene gesellschaftliche Mittel fließen angeblich- vereinfacht gesagt – in Rentenerhöhungen statt in frühkindliche Bildung. Dies verstößt gegen die Gerechtigkeit zwischen den Generationen, insofern man sie als Chancengleichheit versteht. Die nachfolgenden Generationen sind in ihren Möglichkeiten eingeschränkt, weil ihnen die Mittel entzogen werden, die vorigen Generationen noch zur Verfügung standen.

Bleibt der Generationenwechsel aus, so soll sich diese Situation weiter verschärfen. Einflussreiche Positionen bleiben lange von denselben besetzt, Hierarchien werden weiterhin von älteren Menschen dominiert und gewisse Karrieren bleiben den Jüngeren verschlossen. Auch hier üben die älteren Altersgruppen die gesellschaftliche Kontrolle aus. Peter Dabrock, der so argumentiert, führt die eigene Erfahrung an. Denn als Vorsitzender des Ethikrats, der zwei Amtsperioden hinter sich hat, wisse er, wann es Zeit sei, Anderen das Feld zu überlassen. Damit entkräftet er gleichzeitig sein eigenes Argument. Offensichtlich gibt es auch andere Möglichkeiten, Hierarchien offen zu gestalten, als auf den Generationswechsel zu warten. Die Begrenzung von Amtszeiten ist eine dieser naheliegenden Möglichkeiten.

Wenn es nun aber in manchen Bereichen keine solche Begrenzung gibt, zerstört das die Chancen der nachfolgenden Generationen? Dieser Kritikpunkt beruht ebenfalls auf zwei unplausiblen Annahmen bzw. führt den Gedanken der Lebensverlängerung nicht zu Ende. Erstens unterstellt man älteren Menschen, sie seien mehr oder weniger gleich im Hinblick auf ihre Überzeugungen und die daraus abgeleiteten Interessen. Wie wir gesehen haben, trifft das jedoch nicht zu. Nehmen wir nun der Einfachheit halber noch an, die menschliche Lebensspanne könnte deutlich verlängert werden, beispielsweise auf durchschnittlich 120 Jahre. Nehmen wir weiter an, dass die gewonnenen Jahre in so guter Gesundheit verbracht werden, dass das durchschnittliche Rentenalter auf 105 Jahre angehoben werden kann. Ist es nun plausibel zu vermuten, dass die Generation der 90- bis 105-Jährigen den nachfolgenden Generationen den Zugang zu einflussreichen Positionen verweigert? Zunächst einmal ist diese Altersgruppe kleiner als Generationen davor. Denn die Anzahl der Menschen, die zu einer Altersgruppe gehören, wird durch diese Entwicklung abnehmen. Zudem finden sich in den vielen nachfolgenden Generationen ebenfalls viele Personen, die Talent mit Erfahrung verknüpfen können. Und selbst wenn man annimmt, dass wichtige Positionen erst später im Leben eines Menschen von diesem wieder frei gegeben werden, bleibt diese Position nur dann den nachfolgenden Generationen verschlossen, wenn sie selbst kein längeres Leben haben werden. In diesem Fall wäre jedoch das Gerechtigkeitsproblem zwischen den Generationen viel grundlegender als das, was vielleicht durch den langsameren Generationswechsel entstehen könnte. Falls jedoch der Zugang zur Lebensverlängerung nicht nur auf wenige Menschen beschränkt ist, sondern allgemein vorhanden ist, droht ein anderes Schreckensszenario, das nach dem englischen Geistlichen und Gelehrten Thomas R. Malthus benannt ist.

Eine neue Malthusianische Falle

Malthus' *Essay on The Principle of Population* ist bereits bei seinem Erscheinen im Jahr 1798 eine Warnung vor Zukunftsvisionen, die ein längeres Leben anpreisen (Malthus, 1992). Der Essay bezieht sich auf die entsprechenden Spekulationen von Condorcet und William Godwin. Condorcets optimistischer Geschichte über die Zukunft der Menschheit sind wir bereits begegnet. William Godwin prophezeit eine anarchistische, egalitäre Gesellschaft, in der der Mensch Unsterblichkeit erringen wird. Malthus prognostiziert dagegen, dass die Menschheit einen Preis in der Form von Elend und Hungersnöten bezahlen wird, wenn sie diesem Fortschrittsglauben folgt. Seine Kernaussage – das titelgebende »principle of population« – prognostiziert ein exponentielles Bevölkerungswachstum, das von einem linearen Anstieg der Nahrungsmittelproduktion nie angemessen eingeholt werden kann. Zwangsläufig wird daher die Zahl der zu versorgenden Menschen die Ressourcen übersteigen, die zur Verfügung stehen.

Obwohl derartige Prognosen wiederholt vorgetragen wurden, sind sie bisher nie eingetreten. Bevölkerungswachstum und Ressourcenverbrauch sowie die damit verbundene Umweltzerstörung, insbesondere der Klimawandel, wecken jedoch gegenwärtig erneut Sorgen. So wird bis zum Ende des 21. Jahrhunderts ein Anstieg der Weltbevölkerung auf etwa 11 Milliarden Menschen vorhergesagt (Davis, 2018, S. 236). Da global auch das Einkommen und der Wohlstand gegenwärtig wachsen, kann man befürchten, dass die Menschheit mehr als

200 Jahre nach der Veröffentlichung von Malthus' Essay am Ende doch in die Malthusianische Falle tappt.

Es liegt auf der Hand, dass die Lebensverlängerung diese Situation verschärfen kann. Der amerikanische Bioethiker John Davis hat zusammen mit dem Demographen Shahin Davoudpour unterschiedliche Szenarien der Bevölkerungsentwicklung errechnet (Davis, 2018). Beispielhaft sei hier eines angeführt. Davis Voraussetzungen lauten, dass die durchschnittliche Lebenserwartung auf 150 Jahre anwächst und jede Frau mit 25 und mit 75 Jahren ein Kind bekommen würde. Die Folge wäre, dass innerhalb eines kurzen Zeitraums die Bevölkerung sich verdreifachen würde. Zusammen mit dem ohnehin schon vorausberechneten Bevölkerungswachstum wäre ein solcher Anstieg aller Wahrscheinlichkeit nach nicht ohne Krisen zu bewältigen. Geburtenkontrolle wäre eine unausweichliche Maßnahme, um dies zu verhindern. Lediglich jede zweite Frau könnte unter diesem Szenario ein einzelnes Kind bekommen. Wer sich für die Verlängerung des eigenen Lebens entscheidet, müsste also auf eigenen Nachwuchs verzichten, zumindest bis die Bevölkerungszahlen anfangen zu sinken oder sich absehbar auf einem vertretbaren Niveau stabilisieren. Davis nennt diese Wahl zwischen Lebensverlängerung und Nachkommen eine »forced choice«.

Eine solche erzwungene Wahl wird zweifellos viele gesellschaftliche wie persönliche Konflikte auslösen. Bereits Condorcet war sich bewusst, dass eine solche Entscheidung notwendig sein könnte. Malthus nannte diese Alternative unnatürlich und unmoralisch. Allerdings kann man einerseits nicht ausschließen, dass die Notwendigkeit einer solchen Wahl bereits ohne Lebensverlängerung eintreten könnte. Andererseits sinken schon jetzt in vielen Regionen der Welt die Bevölkerungszahlen so weit, dass eine schrumpfende Bevölkerung das Resultat sein wird. Je nachdem wie die Entwicklungen der Lebenserwartung und der Bevölkerungszahlen sich überschneiden, könnte eine solche Zwangsmaßnahme im besten Fall auch überflüssig sein, um das Bevölkerungswachstum bei Anstieg der Lebensspanne einzudämmen. Festzuhalten bleibt jedoch, dass hier ein ernsthaftes, wenn auch nicht unlösbares Problem vorliegt. Die entsprechenden Entwicklungen müssen beobachtet werden und im Zweifelsfall liegt in der »forced choice« eine ethisch vertretbare Alternative vor. Denn in einer pluralistischen Gesellschaft kann die Allgemeinheit diese Wahl nicht für den Einzelnen treffen. Allerdings kann sie vom Einzelnen verlangen, dass dessen Entscheidungen der Allgemeinheit nicht schaden.

Gesundheitliche Ungleichheit

Die Notwendigkeit einer »forced choice« entfällt, wenn der Zugang zur Lebensverlängerung nur eingeschränkt möglich sein sollte. Dann droht jedoch ein zweites abschreckendes Szenario in Form einer langlebigen Elite, die der kurzlebigen Mehrheit gegenübersteht. Es zeigt sich das oben erwähnte Dilemma: Entweder der Zugang ist allgemein und gleich, dann droht eine Überbevölkerung. Oder er ist eingeschränkt, dann droht ein scharfer Anstieg der gesundheitlichen Ungleichheit.

Bereits jetzt gibt es auch in Industriestaaten mit einem breit zugänglichen Gesundheitswesen eine gesundheitliche Ungleichheit in Abhängigkeit zur sozialen Stellung. Der Grund für diese Ungleichheit trotz weitgehend gleichem Zugang zu medizinischer Versorgung besteht in gesellschaftlichen Umständen, die einen Einfluss auf die Gesundheit haben. Verstärkt gilt das im Laufe des Lebens, da sich positive, wie negative Faktoren addieren. Diese Faktoren werden von der einschlägigen Forschung soziale Determinanten der Gesundheit genannt, die wir im Kontext der Biogerontologie und der Variabilität des Alters bereits kennengelernt haben (▶ Kap. 3).

Der Unterschied in der gesunden Lebenserwartung ist bei Berücksichtigung der späteren Lebensphase, die häufig mit gesundheitlichen Einschränkungen verbunden ist, gravierend und beträgt in Europa ungefähr zwanzig Jahre (Commission on the Social Determinants of Health, 2008). Global sind diese Unterschiede noch höher, wobei viele Länder den demographischen Wandel der Industriestaaten mittlerweile ebenso erleben. Die durchschnittliche Lebenserwartung steigt auch im globalen Mittel an. Nie zuvor haben so viele Menschen ein höheres Lebensalter erreicht wie in der Gegenwart. Dennoch bestehen zwischen den Bürgern verschiedener Länder noch deutlich größere Unterschiede in der Lebenserwartung als zwischen den unterschiedlichen sozialen Schichten eines Landes.

Diese nationale und internationale gesundheitliche Ungleichheit könnte durch verlangsamtes Altern weiter ansteigen. Zumindest anfänglich könnten die neuen medizinischen Eingriffe kostspielig und nur für diejenigen zugänglich sein, die sie aus eigener Tasche bezahlen können. Diejenigen, die ohnehin schon privilegiert sind, könnten es durch ein längeres und gesünderes Leben noch mehr sein. Im äußersten Fall könnte eine langlebige Elite ihre gesellschaftliche Macht über einen langen Zeitraum ausüben und konsolidieren.

Ein solches Szenario wäre kaum mit der fundamentalen rechtlichen Gleichheit in einer demokratischen Gesellschaft vereinbar. Kritiker der Lebensverlängerung warnen zu Recht davor. Allerdings widersprechen sie damit der Position, dass für den Einzelnen eine solche Lebensverlängerung nicht erstrebenswert sei und man mit der gewonnenen Lebenszeit nichts anfangen könnte. Wäre dies der Fall, bräuchte man auch vor diesem Szenario keine Bedenken haben. Diese mögliche Entwicklung verdeutlicht, dass die Verlängerung der gesunden Lebensspanne für den Einzelnen ein Gut ist. Zudem ist sie ein besonderes Gut, insofern der Zugang zu den entsprechenden Möglichkeiten für die Gerechtigkeit einer Gesellschaft eine wichtige Rolle spielen kann. Aus dem Blickwinkel einer gerechten Gesellschaft ist also die Frage nicht, ob es für den Einzelnen gut ist, langsamer zu altern. Vielmehr geht es darum, einen möglichst fairen Zugang zu den damit verbundenen medizinischen Möglichkeiten zu schaffen – womit nicht impliziert ist, dass diejenigen davon Gebrauch machen müssen, die derartige Eingriffe persönlich nicht für gut befinden.

Angesichts des Dilemmas zwischen einer rasanten Bevölkerungszunahme und des Anstiegs der globalen gesundheitlichen Ungleichheit wäre ein Verbot oder zumindest ein zeitweises Aussetzen der einschlägigen Forschung, also ein Moratorium, denkbar. Fraglich ist jedoch, ob ein solches Moratorium global durchsetzbar wäre. Schwierig wäre ein solches Vorhaben, weil der Wunsch nach einem längeren, gesunden Leben stark und generell legitim ist. Aufgrund des starken Interesses wird es schwer sein, die Forschung zu kontrollieren, insofern hierzu überhaupt eine internationale Einigung zustande kommen würde. Da es sich um einen legitimen Wunsch handelt, wäre ein striktes Verbot oder Moratorium nicht einfach zu rechtfertigen. Denn medizinische Eingriffe, die nicht Allen zur Verfügung stehen, werden nicht deswegen Keinem zugänglich gemacht. Denken wir etwa an Organtransplantationen. Es geht vielmehr um kluge Maßnahmen, wie die entsprechende Forschung so gefördert werden kann, dass ihre Resultate breit zugänglich sind, etwa durch ein günstiges Verhältnis zwischen dem Aufwand und dem Resultat. Denkbar ist auch eine Besteuerung des Zugangs, der denjenigen zugutekommt, denen die medizinischen Mittel nicht zur Verfügung stehen, also eine Querfinanzierung durch Umverteilung. In jedem Fall ist eine gesellschaftliche Debatte über den Umgang mit diesen Möglichkeiten notwendig. Dabei wird deutlich, dass eine Zukunft, die im Alter liegt, verlangt, bisherige Fehlentwicklungen wie die oben skizzierten zu korrigieren.

7

Eine neue Vision für das Alter – Lob des langen Lebens

Wir müssen eine neue Vision für die Lebensphase Alter entwickeln. Bisherige Wertungen müssen umgekehrt werden.

- ✓ Der Apologismus wertet geistig-moralisches Altern negativ und körperliches Altern positiv. Das Gegenteil trifft zu.
- ✓ Biologisches Altern zeigt zahlreiche negative Eigenschaften, die nicht einfach relativiert werden können. Ein kluger Umgang damit bedeutet, es nur dann zu akzeptieren, wenn keine Möglichkeiten bestehen, es zu ändern.
- ✓ Die philosophische Tradition und die gerontologische Forschung weisen im Gegensatz zum Apologismus auf die geistig-

moralischen Potenziale des Alters hin. Diese Potenziale gilt es in einem neuen Verständnis des Alterns zu entfalten.

Eine Gesellschaft des langen Lebens profitiert von größerer Erfahrung, Altersweisheit und Alterswerken. Die Lösung vieler unserer gesellschaftlichen Probleme liegt in einem bewusst veränderten und bewusst bejahten Alter.

Aus diesen Überlegungen folgt, dass wir als Gesellschaft eine neue Vision für das Alter entwickeln müssen. Ein längeres, gesünderes Leben ist ein Gewinn, den wir gestalten müssen. Um negative Folgen einer Entwicklung abzuwenden, die kommen wird, ist eine gesellschaftliche Debatte und ein neues Verständnis des Alters notwendig. Dafür müssen wir uns zunächst über die Vergangenheit und ihre Sicht des Alters klarwerden. Die Widerstände gegen die biogerontologische Forschung und eine Neubewertung des Alters kommen von weit her. Der Bogen, den wir von Mythen des Altertums bis zur Bioethik der Gegenwart gespannt haben, zeigt, dass altersfeindliche Sichtweisen tief kulturell und historisch verankert und einflussreich sind. Wir müssen das Alter neu bewerten und bisherige Bewertungen umwerten. Der Apologismus oder die Verteidigung des Status quo der menschlichen Existenz weist zwei hauptsächliche, typische Bestandteile auf. Die geistigen und moralischen Möglichkeiten des Alters werden negativ gewertet, körperliche Veränderungen, die mit ihm einhergehen, dagegen positiv. In der negativen Bewertung wurzeln Stereotype über den schlechten Charakter und die mangelnde geistige Leistungsfähigkeit und Flexibilität älterer Menschen. Wir finden hier die Struldbrugs als Nachfolger von Tithonus ebenso wieder wie Emanuels »amerikanische Unsterbliche«. Das körperliche Altern soll uns die Erfahrung der Endlichkeit näherbringen und das Alter als Abschluss und Vollendung des menschlichen Lebens in seiner Gesamtheit betrachtet werden. Schließlich soll es den notwendigen und nützlichen Generationenwechsel für die menschliche Gemeinschaft bewirken.

Wir müssen diese Wertungen umkehren. Körperliches Altern ist mit altersbedingten Erkrankungen und einer höheren Sterbewahrscheinlichkeit verknüpft. In der späten Lebensphase entstehen dadurch Gebrechlichkeit und chronische Erkrankungen, deren Negativität nicht überzeugend relativiert werden kann. Es mag klug sein, Strategien zu entwickeln, wie diese Realität akzeptiert werden kann. Aber es ist nicht ethisch legitim, vom Einzelnen oder der Gesellschaft zu fordern, sich damit abzufinden. Hier werden die Grenzen des Apologismus deutlich. Denn er ist überholt, wenn neue biomedizinische Möglichkeiten darauf hinwirken, dass das körperliche Altern nicht unabänderlich ist. Adaptive Präferenzen, oder Wünsche, die an die Möglichkeiten angepasst werden müssen, werden vielleicht noch weiter benötigt, aber sollten dennoch eine veränderte Zukunft des Alterns nicht ausschließen. Damit fällt ein Grund für apologetische Positionen weg. Der Fuchs in der Fabel, der sich überzeugt, dass die Trauben, die zu hoch hängen, sowieso sauer sind, ist ein Sinnbild dafür. Die Höhe der Trauben ändert sich jedoch gerade.

Bedenken gegen verlangsamtes körperliches Altern, die sich auf dessen Sinn im Lebenslauf berufen, stehen einem weiteren grundsätzlichen Einwand gegenüber. In einer pluralistischen Gesellschaft handelt es sich lediglich um Sinnangebote, aber nicht um Gebote, wie man seinem Leben Sinn abgewinnen muss. Es gibt nicht die eine Haltung zur Endlichkeit oder dazu, wie man sein Leben als Ganzes führen oder auffassen muss. Weder philosophische noch religiöse noch ästhetische Sichtweisen haben sich diesbezüglich seit der Antike durchsetzen können. Im Gegenteil: Die Vielfalt der Lebensformen, gerade im Alter, hat zugenommen. Auch müssen sich Apologeten fragen lassen, warum denn die jetzige durchschnittliche Lebenserwartung und das jetzige Tempo des Generationswechsels gut sein sollen. Wenn ein kurzes Leben gut ist, weil es die Endlichkeit verdeutlicht und zur Tätigkeit anspornt, wäre dann nicht ein noch kürzeres Leben besser? Wenn der Generationswechsel der Gesellschaft nützt, wäre dann nicht eine noch schnellere Übergabe an die nächste Generation ebenfalls besser? Wenn man die apologetischen Argumente konsequent zu Ende denkt, zeigt sich ihre Absurdität. Viele dieser Bedenken sind vage und beruhen kaum auf allgemein akzeptierten Werten. Dagegen kann sich jemand, der Krankheiten zu verhindern sucht, auf den Wert eines gesunden Lebens berufen, und damit auf das Ziel, die Gesundheit zu erhalten und Menschen ein längeres Leben zu ermöglichen. Anderen Menschen stattdessen eine Grenze für Gesundheit und Leben vorschreiben zu wollen, ist ebenso inhuman und unethisch wie die Aufforderung, eine Generation müsse der nächsten zu einem bestimmten Zeitpunkt Platz machen und sterben. Begründet wird dies durch wenig überzeugende positive Wertungen des körperlichen bzw. biologischen Alterns und durch negative Wertungen des Alterns in geistiger und moralischer Hinsicht.

Dagegen steht bereits Ciceros Einschätzung der Stärken des Alters und des geistig-moralischen Wachstums, das in der späten Lebensphase möglich ist. Diese Einschätzung widerspricht gerade nicht der Vision von Bacon und Descartes, dass ein längeres Leben ein besseres ist. Bestätigt wird Cicero durch die gegenwärtige gerontologische Forschung, die die entsprechenden Stereotype zurückweist und gerade die geistigen und auch wirtschaftlichen Potenziale des Alters hervorhebt. Die Möglichkeiten, das Engagement und der Beitrag älterer Menschen wird regelmäßig unterschätzt. Das führt auch dazu, dass diese Möglichkeiten von vorneherein aufgrund von äußeren und verinnerlichten Altersstereotypen eingeschränkt werden, worauf etwa der fünfte Altenbericht hinweist (Bundesministerium für Familie Senioren Frauen und Jugend, 2005). Negative Stereotype und Apologismus führen zu einer altersfeindlichen Kultur. Denn Begriffe wie die alternde Gesellschaft suggerieren in solchen Kontexten, dass bereits jetzt der Anteil der Älteren an der Gesellschaft zu hoch sei. Daraus resultiert eine mangelnde Bereitschaft, das Alter und ein verlängertes, gesundes Leben als Chance und Errungenschaft zu sehen und in die entsprechende biogerontologische Forschung zu investieren. Gleichzeitig und gestützt auf dieselben Stereotype eines unproduktiven und egoistischen Alters lehnen viele Apologeten auch andere Mittel ab, die der späten Lebensphase zugutekommen können: Eine bessere Pflege, eine bessere Unterstützung mit digitalen Technologien und eine bessere Medizin, die biologische Erkenntnisse integriert.

Dystopien, zu denen die eingangs genannten Warnungen in Hararis *Homo deus* gehören, haben Konjunktur. Dieser Pessimismus und die Skepsis gegenüber dem technisch-wissenschaftlichen Fortschritt speist sich aus der drohenden ökologischen Katastrophe des Klimawandels und gesellschaftlichen Problemen wie der bestehenden sozialen Ungleichheit. Verlangsamtes Altern wird als ein Grund gesehen, weshalb sich diese Probleme verschärfen könnten. Stattdessen sollte es als ein Beitrag zur Lösung dieser Probleme gesehen werden. Denn ein längeres Leben kann der Anlass sein, über den Umgang mit Ressourcen, mit der Umwelt und mit der eigenen Lebenszeit mehr nachzudenken, nicht weniger. Eine Entschleunigung wäre ein Gewinn, kein Verlust. Alterswerke, die neue Höhepunkte etwa in Kunst, Literatur, Philosophie und Wissenschaft darstellen, sind möglich, da mehr Lebenszeit auch mehr Gelegenheit bietet, sich den gewachsenen Beständen der einzelnen gesellschaftlichen Bereiche zu widmen. Ein längeres Leben könnte ein gelasseneres, bewussteres und weiseres Leben sein, in dem Konflikte besser, gewaltfrei und einvernehmlich gelöst werden. Die philosophische Tradition erinnert uns daran, dass solche Entwicklungen nicht von selbst passieren, aber Einzelne die Möglichkeit haben, sich entsprechend in einem langen und gesunden Leben zu entfalten. Wir sollten die Chancen des langen Lebens und des Alters bewusst wahrnehmen. Eine Gesellschaft des langen Lebens kann eine Gesellschaft sein, die von größerer Erfahrung, Alterswerken auf einem neuen Höhepunkt und größerer Voraussicht profitieren kann. Nicht verschärfte Schwierigkeiten unserer Zeit, sondern ihre Lösung liegen in einem bewusst veränderten und bewusst bejahten Alter.

Literatur

Adams, E. R., Nolan, V. G., Andersen, S. L., Perls, T. T. & Terry, D. F. (2008). Centenarian offspring: start healthier and stay healthier. *J Am Geriatr Soc, 56*(11), 2089–2092. doi:10.1111/j.1532-5415.2008.01949.x

Aristoteles (2007). *Rhetorik.* Stuttgart: Reclam.

Arking, R. (2018). *Biology of longevity and Ageing: pathways and prospects* (Fourth edition). New York, NY: Oxford University Press.

Baars, J. (2012). *Ageing and the art of living.* Baltimore: Johns Hopkins University Press.

Beauvoir, S. d. (2008). *Das Alter (fr. La veillesse 1970)* (4. Auflage). Reinbek bei Hamburg: Rowohlt.

Bloch, E. (1977). *Das Prinzip Hoffnung. Kapitel 33-42.* (Bd. 5). Frankfurt am Main: Suhrkamp.

Bundesministerium für Familie Senioren Frauen und Jugend (2005). *Fünfter Bericht zur Lage der älteren Generation in der Bundesrepublik Deutschland.*

Carnes, B. A., Olshansky, S. J. & Grahn, D. (2003). Biological evidence for limits to the duration of life. *Biogerontology, 4*(1), 31–45.

Cicero, M. T. (2001). *Cato der Ältere.* Zürich: Artemis & Winkler.

Commission on the Social Determinants of Health (2008). *Closing the Gap in a Generation: Health Equity through Action on the Social Determinants of Health.* Geneva: World Health Organisation.

Condorcet, J. A. N. d. C. d. (1988). *Esquisse d'un tableau historique des progrès de l'esprit humain* (1793). Paris: Flammarion.

Crimmins, E. M. & Beltrán-Sánchez, H. (2011). Mortality and morbidity trends: is there compression of morbidity? *J Gerontol B Psychol Sci Soc Sci, 66*(1), 75–86. doi:10.1093/geronb/gbq088

Crimmins, E. M. & Saito, Y. (2001). Trends in healthy life expectancy in the United States, 1970–1990: gender, racial, and educational differences. *Soc Sci Med, 52* (11), 1629–1641.

Davis, J. K. (2018). *New Methuselahs: the ethics of life extension.* Cambridge, MA: MIT Press.

de Grey, A. D. N. J. & Rae, M. (2010). *Niemals alt!: So lässt sich das Altern umkehren.* Bielefeld: transcript Verlag.

Literatur

Diogenes Laertius (1967). *Leben und Meinungen berühmter Philosophen.* Hamburg: Felix Meiner.

Duffy, B. (2021). *The generation myth: why when you're born matters less than you think.* New York, NY: Basic Books.

Ehni, H.-J. (2014). *Ethik der Biogerontologie.* Wiesbaden: Springer VS.

Ehni, H.-J. (2018). »Altersutopien«. Medizinische und gesellschaftliche Zukunftsvisionen des Alter(n)s. In H. J. Ehni (Ed.), *Altersutopien* (S. 7–21). Frankfurt am Main: Campus.

Emanuel, E. J. (2014). Why I hope to die at 75. *The Atlantic* (09). Retrieved from www.theatlantic.com/features/archive/2014/09/why-i-hope-to-die-at-75/379329/

Emanuel, E. J., Persad, G., Upshur, R., Thome, B., Parker, M., Glickman, A., ... Phillips, J. P. (2020). Fair Allocation of Scarce Medical Resources in the Time of Covid-19. *New England Journal of Medicine, 382*(21), 2049–2055. doi:10.1056/NEJMsb2005114

Feeser-Lichterfeld, U. v., Fuchs, M., Illes, F., Kleinemas, U., Krahn, B., Prell, K., ... Schmitz, E. (2007). Lebensverlängerung und Verlangsamung des menschlichen Alterns. Erträge eines interdisziplinären Forschungsprojekts. *Jahrbuch für Wissenschaft und Ethik, 12,* 219–254.

Fontana, L. (2009). Modulating human Ageing and age-associated diseases. *Biochim Biophys Acta, 1790*(10), 1133–1138. doi:10.1016/j.bbagen.2009.02.002

Fontana, L., Partridge, L. & Longo, V. D. (2010). Extending healthy life span– from yeast to humans. *Science, 328*(5976), 321–326. doi:10.1126/science.1172539

Frazer, J. G. (2018). *The Golden Bough.* London: The Folio Society.

Freund, A. M. & Baltes, P. B. (1998). Selection, optimization, and compensation as strategies of life management: correlations with subjective indicators of successful Ageing. *Psychol Ageing, 13*(4), 531–543. Retrieved from http://www.ncbi.nlm.nih.gov/pubmed/9883454

Fries, J. F. (1980). Ageing, natural death, and the compression of morbidity. *N Engl J Med, 303*(3), 130–135. doi:10.1056/NEJM198007173030304

Graf, F. W. & Lübbe, H. (2010). *Über Glück und Unglück des Alters.* München: Beck.

Gruman, G. J. (1966). A history of ideas about the prolongation of life: the evolution of prolongevity hypotheses to 1800. *Transactions of the American Philosophical Society,* 1–102.

Harari, Y. N. (2017). *Homo Deus.* München: C.H. Beck.

Harman, D. (2009). Origin and evolution of the free radical theory of Ageing: a brief personal history, 1954–2009. *Biogerontology, 10*(6), 773–781. doi:10.1007/s10522-009-9234-2

Harper, S., Kaufman, J. S. & Cooper, R. S. (2017). Declining US Life Expectancy: A First Look. *Epidemiology, 28*(6), e54–e56. doi:10.1097/ede.0000000000000677

Harris, J. (2007). *Enhancing Evolution.* Princeton and Oxford: Princeton University Press.

Höffe, O. (2018). *Die hohe Kunst des Alterns. Kleine Philosophie des guten Lebens.* München: C.H. Beck.

Hossenfelder, M. (1996). *Antike Glückslehren.* Stuttgart: Kröner.

Irvine, W. B. (2009). *A Guide to the Good Life.* Oxford: Oxford University Press.

Kirkwood, T. B. (2008). Understanding ageing from an evolutionary perspective. *J Intern Med, 263*(2), 117–127. doi:10.1111/j.1365-2796.2007.01901.x

Kruse, A. & Wahl, H.-W. (2010). *Zukunft Altern.* Heidelberg: Spektrum Akademischer Verlag.

Longo, V. D., Antebi, A., Bartke, A., Barzilai, N., Brown-Borg, H. M., Caruso, C., ... Fontana, L. (2015). Interventions to Slow Ageing in Humans: Are We Ready? *Ageing cell, 14*(4), 497–510. doi:10.1111/acel.12338

Malthus, T. R. (1992). *An essay on the principle of population, or A view of its past and present effects on human happiness.* Cambridge: Cambridge Univ. Press.

Marmot, M. G., Stansfeld, S., Patel, C., North, F., Head, J., White, I., ... Smith, G. D. (1991). Health inequalities among British civil servants: the Whitehall II study. *The Lancet, 337*(8754), 1387–1393. doi:10.1016/0140-6736(91)93068-K

Marois, G., Muttarak, R. & Scherbov, S. (2020). Assessing the potential impact of COVID-19 on life expectancy. *PLoS One, 15*(9), e0238678. doi:10.1371/journal.pone.0238678

Martens, E. (2011). *Lob des Alters.* Mannheim: Artemis & Winkler.

Masoro, E. J. (2005). Overview of caloric restriction and ageing. *Mech Ageing Dev, 126*(9), 913–922. doi:10.1016/j.mad.2005.03.012

Maul, S. M. (2005). *Das Gilgamesch-Epos* (2. Auflage). München: Beck.

Mayr, E. (2005). *Das ist Evolution* (2. Auflage). München: Goldmann.

Montaigne, M. d. (1998). *Essais.* Frankfurt am Main: Eichborn.

Nagel, T. (1970). Death. *Noûs,* 73–80.

Nussbaum, M. C. & Levmore, S. (2017). *Älter werden. Gespräche über die Liebe, das Leben und das Loslassen.* Darmstadt: wbg.

Oeppen, J. & Vaupel, J. W. (2002). Broken limits to life expectancy. *Science, 296* (5570), 1029–1031.

Olshansky, S. J., Perry, D., Miller, R. A. & Butler, R. N. (2006). In pursuit of the longevity dividend. *The Scientist.*

Olshansky, S. J. (2016). Articulating the Case for the Longevity Dividend. *Cold Spring Harb Perspect Med, 6*(2), a025940. doi:10.1101/cshperspect.a025940

Olshansky, S. J., Hayflick, L. & Carnes, B. A. (2002). Position statement on human Ageing. *The Journals of Gerontology Series A: Biological Sciences and Medical Sciences, 57*(8), B292–B297.

Partridge, L. (2010). The new biology of ageing. *Philos Trans R Soc Lond B Biol Sci, 365* (1537), 147–154. doi:10.1098/rstb.2009.0222

Platon (1988). Der Staat. In O. Apelt (Ed.), *Sämtliche Dialoge* (Unveränd. Nachdruck [d. Ausg.] Leipzig 1922–1937). Hamburg: Felix Meiner.

Rapp, C. (2021). Antike Philosophie. In M. Fuchs (Ed.), *Handbuch Alter und Altern: Anthropologie – Kultur – Ethik* (S. 77–85). Stuttgart: J.B. Metzler.

Rattan, S. I. (2012). Biogerontology: from here to where? The Lord Cohen Medal Lecture-2011. *Biogerontology, 13*(1), 83–91. doi:10.1007/s10522-011-9354-3

Rentsch, T. (2016). Ageing as Becoming Oneself: A Philosophical Ethics of Late Life. In G. Scarre (ed.), *The Palgrave handbook of the philosophy of Ageing* (pp. 347–364). New York, NY: Springer Berlin Heidelberg.

Rentsch, T. & Vollmann, M. (2012). Gutes Leben im Alter. *Die philosophischen Grundlagen*, 260.

Rentscher, K. E., Carroll, J. E. & Mitchell, C. (2020). Psychosocial Stressors and Telomere Length: A Current Review of the Science. *Annu Rev Public Health, 41*(1), 223–245. doi:10.1146/annurev-publhealth-040119-094239

Rose, M. R., Burke, M. K., Shahrestani, P. & Mueller, L. D. (2008). Evolution of ageing since Darwin. *Journal of genetics, 87*(4), 363–371.

Sadowska-Bartosz, I. & Bartosz, G. (2014). Effect of antioxidants supplementation on Ageing and longevity. *Biomed Res Int, 2014*, 404680. doi:10.1155/2014/404680

Schöne-Seifert, B. & Talbot, D. (2009). *Enhancement. Die ethische Debatte*. Paderborn: mentis

Scarre, G. (2016). *The Palgrave handbook of the philosophy of Ageing*. New York, NY: Springer Berlin Heidelberg.

Seneca, L. A. (1993). *Philosophische Schriften*. Hamburg: Felix Meiner.

Shaw, B. (1921). *Back to Methuselah*. London: Constable and company.

Simonton, D. K. (2016). Does creativity decline with age? *Scientific American Mind, 27*(2), 70. doi:10.1038/scientificamericanmind0316-70a

Sinclair, D. A. & LaPlante, M. D. (2019). *Das Ende des Alterns. Die revolutionäre Medizin von morgen*. Köln: Dumont.

Steinfath, H. (1998). *Was ist ein gutes Leben? Philosophische Reflexionen*. Frankfurt am Main: Suhrkamp.

Trachte, F., Sperlich, S. & Geyer, S. (2015). Compression or expansion of morbidity? Development of health among the older population. *Z Gerontol Geriatr, 48*(3), 255–262. doi:10.1007/s00391-014-0644-7

Wahl, H.-W., Förstl, H., Himmelsbach, I. & Wacker, E. (2021). *Das lange Leben leben – aber wie? Interdisziplinäre Blicke auf Altern heute und morgen.* Buchreihe Lange Leben leben – Altern gestalten. Stuttgart: Kohlhammer.

Wiesing, U. (2020). *Heilswissenschaft über Verheißungen der modernen Medizin.* Frankfurt am Main: S. Fischer.

Wiesing, U., Ach, J. S., Bormuth, M., Clausen, J., Ehni, H.-J., Marckmann, G., ... Tümmers, H. (2020). *Ethik in der Medizin ein Studienbuch* (5. Auflage 2020. Ditzingen: Reclam.

Williams, B. (1973). The Makropulos case: reflections on the tedium of immortality. In *The Problems of the Self* (pp. 82–100). Cambridge: Cambridge University Press.

*2021. 117 Seiten. 9 Abb., 1 Tab.
Kart. € 19,–
ISBN 978-3-17-038757-7
Lange Leben leben I
Altern gestalten*

Wir leben in einer schnell alternden Gesellschaft, dennoch erleben sich viele „ältere" Menschen als überhaupt nicht „alt". Altern besitzt viele Facetten und ist vielleicht die schillerndste Lebensphase.

Der Einführungsband der Reihe „Lange Leben leben | Altern gestalten" nutzt die gegenwärtige Altersforschung und zeigt auf, wie sich Anforderungen und Widersprüchlichkeiten des Älterwerdens deuten lassen. Auf Grundlage dieser Erkenntnisse bietet das Buch viele Anstöße zum Umgang mit zentralen Fragen, die sich nicht nur für ältere Menschen, sondern vielmehr für Menschen jeden Alters stellen.

Auch als E-Book erhältlich.
Leseproben und weitere Informationen: **shop.kohlhammer.de**